传统数术名家精粹

风水

汇集中国历代大师、风水典籍的实用风水精华

浮梁卢氏九眼夫人祖地地承
辛向
印去
平田
埋庶九救

吴景鸾下卢皇后祖地

转运生财风水球

罗盘

经天纬地的罗盘是堪舆风水的必备工具

风水峦头的珍本，纳天地山川之名色于眼底，集龙穴砂水之精华于囊中

风水大师周景一的代表之作

图注

山洋指迷

〔一叶知秋、一针见血、胸罗千载、面转乾坤〕

（明）周景一◎著

杨金国◎点校

刘保同◎主编

火星插天起少祖，"个"字中出突龙脉，行龙过峡图，至尊至贵，极品之地，主位集天下权贵，身系万民安危。

内蒙古人民出版社

图书在版编目(CIP)数据

山洋指迷/(明)周景一著. -呼和浩特:内蒙古
人民出版社,2010.5(2021.1 重印)
(传统数术名家精粹/刘保同主编)
ISBN 978-7-204-10503-8

Ⅰ.①山… Ⅱ.①周… Ⅲ.①地理-风水-研究-中国-明代 Ⅳ.①
B992.4

中国版本图书馆 CIP 数据核字(2010)第 090337 号

传统数术名家精粹

山洋指迷

(明)周景一 著

责任编辑	王继雄	
封面设计	宋双成	
出版发行	内蒙古人民出版社	
地 址	呼和浩特市中山东路 8 号波士名人国际 B 座 5 层	
印 刷	呼和浩特市圣堂彩印有限责任公司	
开 本	710×1000 1/16	
印 张	16	
字 数	220 千字	
版 次	2010 年 12 月第 1 版	
印 次	2021 年 1 月第 2 次印刷	
书 号	ISBN 978-7-204-10503-8	
定 价	29.80 元	

凡　例

一、是书山龙专重开面。平洋专重束气开口，占地步则山洋均重，书凡四卷：第一卷首论峦头为本，为全编立言大旨，分敛、仰覆、向背、合割四篇，概论开面、纵横、收放、偏全、聚散四篇，概论地步；二卷分论开面；三卷分论地步，后以开面、地步，包括形势、星辰为山法诸篇结束，饶减、挨弃、倒仗、浅深四篇乃立穴定向之准绳，所以补葬法之未备，四卷专论平洋，承山龙开面说起，以山洋异同篇，总结全书。

二、是书山法诸篇虽经坊刻尚未有未全，而平洋一卷，更为世所罕见，标题《山洋指迷》者实与他本不同。

三、是书正文图说悉照原本，不敢增减，惟抄本间有诠注，虽不知何人手批，然足以阐发文义者，亦采录附入，此外尚有未甚晓畅处，或引前人成言，或另增注解加圈别之，第四卷本无注释，并经参注，更有笔墨难尽者，推广正文本义附以图说，复将每篇警句密圈分清段落，庶可一目了然。

四、是书娓娓数万言，如剥丝抽茧，层层推勘，丝丝入扣，其妙处，全在一正一反，对说如何是真，必言如何是假，丝毫不肯放过，虽字句不无重复处，然缕晰条分，各有精义，潜心披阅，自可豁然贯通，初学最易入门，高明者亦可扩充眼界，开拓心胸。

五、是书评论山洋每篇先言龙脉，次及砂水穴情，分龙穴真伪、大小了如指掌，至山龙分敛篇云："穴后宜分不宜合，穴前宜合不宜分"，平洋龙体穴形篇云："后以束气为证，前以明堂聚处为凭"，总括山洋龙穴大旨，可谓要言不繁。

六、山龙落脉全在垂头，开面。结穴全在球、檐、唇、毡，辨脉穴真假，已详备于首两卷，若乳、突、窝、钳及平洋龙体穴形诸篇，尤为穴法精粹，是编应推为峦头理论最上乘心法之作。

七、山龙有三分三合水，平洋有大分合、小分合、真分合之水，山洋龙法穴法大略相同，太阳、太阴、少阳、少阴四象，虽论平洋形体，亦与山龙彷佛可以参看。

八、平洋束气、开口、乘脊脉、看水绕，前人有论及原是书，辨明收放、开口、各有真伪，近山平洋，有脊脉者不可无水绕，远山平洋有脊脉，以低田低地为堂界，而无明水者不可无大水会合及出水莲花、泊岸浮牌，逝水沙洲诸格，其它书无此发明。

九、点穴自古称难，欲明点穴之法莫过此书，明白畅达，亦莫过此书，平洋妙论精微，法无不备，且以补山龙穴法之不足，其有裨地理更非浅鲜。

十、是书是地理类图书里程碑式作品，在地理的全面性、系统性等方面堪称首屈一指，在实践中极具有可操作性，为后世所推崇。本次出版特别在后面增加具有同等理论高度的的《发微论》《怪穴论》和大量历代名墓，图文并茂加以补充，力图打造此书成为初学者从熟知地理到提高精进的必备读物，标准性读物。

序　一

　　《地理山洋指迷》原本，能够行于世上，岂能简单的为偶然，如明朝初年周景一先生，为州山吴氏家卜葬很多奇穴，更赠送《地理山洋指迷》一书，随后吴氏人文蔚起成巨族，其书于是重见于人，传抄遍布江浙一带，自明朝迄今，相继沿年遂抄录愈繁，舛讹越多，所以我不可不刊行也，姑苏俞君归晓同城的吴子卿瞻痴迷学习青囊之术，学习中见《地理山洋指迷》坊刻之讹，即加上注释亦未能阐发本书之意，因此取旧藏原本疏注，此为枕中秘，惟是俞吴二子向皆作客远方，天南地北，萍合四朋，讨论数载，惟成全集而先生传书四百余年，今始得人益，有数存非偶然也，宜为志同道合者怂恿付梓印刷，公之于世，让我作序。我读此书明晰畅达与大概流传者，独优所增注解，简明扼要，亦与他本不同，是真得先生之心传者，予曾注星影二卷，发明在天成象，在地成形之义，是书有以地下山形，合上天星象，可谓先得我心，二书兼备，则仰观俯察，于地学精微精妙，比原本不可不亟为刊行也，予喜其书成而为之序。

　　乾隆丁未嘉平月山阴姚雨方序时年七十有七

序　二

地理由来尚久矣，有传人必有传书，各书不一，如周景一先生所著山洋指迷者，盖寡，周先生为明朝初期的堪舆大家，孤踪高蹈，不以术鸣。先是我的季父青岩公游于越地，得其传书，不识为谁氏著撰，乡里蓿绅家偶有藏本，较之稍异，且多平洋一卷。尝曰：是析理昭畅，甲子峦理诸家学地理者，宜以此为宗。岁甲辰予客涌江，晤山阴吴子卿瞻论堪舆学，述周景一先生巅末事，得闻其所传《指迷》原本与予旧帙吻合，因以知显晦，有时向读其书，今悉其人，务实学而名必归之也，独惜其书较诸家精且确，而不盛传于世，盖以其人不求名誉，遇知音而方馨所学，如吴子称述，明永乐时先生与其族祖友善，居停数十年，发祥诸茔，悉由指示，濒行日，始以箧书赠，其慎重也，若是此书之所以不甚传而独为吴氏秘。及吴氏簪缨世显，好事者，仅以山法数卷，辗转传抄，假名刊布，增损舛讹，岂知先璧固有在一斑，未足以窥全豹，况更有毫厘千里之谬哉！今读全书原本，萃《青囊》之秘要，阐黄石公之微言，细若机丝，朗如金鉴，较传抄诸本，言辞阙失，阅未竟而厌倦者，不啻霄壤，实为开凿混沌，昭晰阴阳秘籍。得其旨者，何于望洋兴叹！迷于所视乎？及与吴子互相讨论，增注成编，质之同志，咸以为可！夫求名师不得，读名师之书即得也。自应公诸宇内，使人操宝钥家奉南车，山川不能遁其形，贤达不得专其美，先生之教庶与日月终古矣，因此付梓人而述其大略如此。

时乾隆丁未春日吴门俞归璞序

序　三

　　周景一先生者，明初台郡人也，善堪舆，为予先世窆穸，计贻地理《山洋指迷》书四卷，珍为家藏，递传弗失，予向客四明，见幕讲师《地理索隐》，即指迷也，有山法而无平洋，且删减殆半，无以发明，更有以指迷为宋王伋撰，或称元谭仲简书，镂板行世，书同名异，何以证之？尝读族祖环州公序，先生本业儒，而性耽山水，得青囊之秘，人以地仙称道，前明永乐年间曾游于越，与予三世伯祖裕庵公深契，居停有数年，家族数善地，悉由指点，其中以蛇山眠犬穴为最为出名。正统十四年先生辞归，爰以箧书赠，此书之由来也。其后我族丁齿日繁，以忠孝文行武功著世，代不乏人，四百余年来，子姓箕裘，仰承如昔食先生之德而扬其微者，迄今犹称道，弗衰书之传也，盖确有可证者，第先生潜德高风，深自韬晦，不着姓氏于书传抄者，或昧根荄，刊行者，借名炫世，或图简略率意删除亥豕鲁鱼，殊失庐山面目，况少平洋一卷，犹非全璧，其称为幕讲、王伋、谭仲简者，即非漫无所据，亦可无论已。甲辰春姑苏俞归璞先生共事甬城，见予《指迷》原本，证其所载，卷帙相同，幸旧录之犹存，较传抄之未备，因为思所以寿世，而予亦有同心，于是反复参详，逐篇增注，三易其稿，犹虑不能阐其微，同人谬加称许，皆所以推广，先生传书垂教之意，俾究心地理者，识山水之性情，辨龙穴之真伪，吉获牛眠之地，庆延麟趾，作忠作孝，辅弼升平，知先生加惠于地学无涯，而人子之葬其亲，端赖是编传之不朽云。

　　时乾隆丁未仲春山阴吴卿瞻序阿

中国传统术数总集 第一辑

目　录

中国传统术数总集　第一辑

山洋指迷（卷三） …………………………… 86

山洋指迷（卷一）

明　周景一先生　著

1 论地理以峦头为本

峦头，不专指星体而言，凡龙、穴、砂、水，有形势可看见者，皆峦头之内的事也，《青囊经》上说："理寓于气，气囿于形"。因为理者阴阳五行之理，气者阴阳五行之气，形则山峙水流之形也，山之所以峙，水之所以流，不管阴阳五行之气怎样，而其中有道理存焉，朱熹所谓："气以成形，而理亦赋焉"者也，但是气有吉凶，不以理推之，则不可得而知之，故圣贤用说卦以明道理，用卦以推气，凡先天后天，双山四经，三合玄空，穿山透地，坐度分金，休囚旺相，气运岁时，皆理气内事也。（理气诸说各有所用，恐人无所适从，特举最要数者为后学指南）所以峦头理气，二者孰重。

曰：峦头真理气自验，峦头假理气难凭。故理气不合，而峦头真者，虽有瑕疵，不因为理气不合而不发富贵，理气合而峦头假者，定不因为合理气而发福禄，是因为峦头为理气之本也，明此矣，学者必须待峦头精熟，地之真假大小，穴之吞吐浮沉，卓然有见于胸，然后再讲求理气，就会明白乘气立向，控制消砂纳水，征岁运之用亦不可废，假如峦头还未熟，而先学理气，虽知道贵阴贱阳，来生去墓诸说，确确可据，而吉凶休咎，似与峦头无太大联系，但往往求福而致祸者，舍本逐末故也。故曰：看山之法，以势为难，而形次之，方又次之。又曰：有体方言用，光有用则失其体，可不知所先务哉。

2 开面　地步

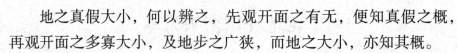

地之真假大小，何以辨之，先观开面之有无，便知真假之概，再观开面之多寡大小，及地步之广狭，而地之大小，亦知其概。

何谓开面？只以分、敛、仰、覆、向、背、合、割八字察之，分而不敛，仰而不覆，向而不背，合而不割者，为开面，四者之中，有一方面反，为不开面。

何谓地步？只以纵、横、收、放、偏、全、聚、散八字察之，纵长横广，收小放大，局全而聚大者，地步广，纵面虽长，横面不广，收时虽小，放时不大，局偏而聚小者，就为地步狭小。

【点拨】

此篇为全书的重点，也是风水理论的精华，当你向下细看的时候，你就会发现此篇言语虽短，但在全文，乃至全书的重要性。

3 分　敛

（此篇论来龙降服及穴山、穴面之分敛，总以诸砂证其开面，为山法全篇之主脑也。）

何谓分敛？曰：分者，分开八字也，地无个字不成龙，地无分金不出脉（山龙落脉非个字不行，落脉处要成星体，方有分金之面，有个字则开肩，开肩则有分水，水分则脉清），故凡有顶有泡处，地皆不可无分金，以为个字分金之丿乀（就像汉字"金"一样，分"金"之丿乀者，分出丿乀成金字之面也），但分脉时不可三股显然如鸡爪子一样。必有矬有平，中脉如宽牵线者方是（三股一样高起如鸡爪者为贯顶，两边砂高，中脉微平软泛方是宽牵线），又须大丿乀之内，有小丿乀，显丿乀之内有隐丿乀，故有大分小分，显分隐分之不同，大分者主顶星上分开大八字，谓之明肩，明肩之内，又分半大半小八字，不论条数之多寡，均为护带。

护带之内，贴脉分小八字谓之蝉翼（蝉翼乃出脉处所分之隐砂）。显分者，明肩护带也，隐分者，蝉翼也，更有隐者，谓之肌理刷开（是体土有无数细纹分开者，是依稀微茫，须细心体认，就像吃牛肉时看到的纹理一样），其顶下胸腹间所起突泡，或分小八字，或分隐八字，谓之金鱼砂，亦为暗翼（此半山突泡，所分之隐砂，比蝉翼砂略短）。以上乃来龙降脉之分，不论祖山穴山，皆宜如此（行度处微有不同），有临家之际或分蝉翼砂而成乳突穴，或分牛角砂而成窝钳穴，蝉翼牛角砂之内，均有肌理刷开之隐分，方开穴面，亦有乳突无蝉翼可见，只满面肌理刷开，使穴腮圆胖，以成穴面者，此临穴之蝉翼牛角，肌理刷开，总谓之牝牡

中国传统术数总集 第一辑

砂，乃为分尽之分，亦谓分金之面（穴后宜分，穴前宜合，分至此而尽，故曰：分尽。以上概论祖山穴山临穴分金之面，以下分疏诸砂名义）。

所谓龙之明肩者，因为他好像人之两肩，好像飞鸟之两翼，又好像金字之上的人字（外背内面弯抱向里者是，如背面直者非），不论大小星辰，明肩俱不可少，在横降处，尤为紧要（横降无肩，落脉必假），假如无大八字，或大八字少一边，或参差不齐，或一边背我，或无菱角背面，或内无隐八字，或大八字之八上，自分个字而成龙，不为我之用神者，不论祖山穴山，俱无真结。若外有至大之八字帐幕迎送缠护者是也（迎送缠护即帐幕所分之技脚），又有开肩之大八字，三台、五脑、七脑、九脑、金水帐者是也。

所谓龙之护带者，以其形如垂带，作正脉两边之护从也。开脚大星（中分一脉，旁分数条显然可见者，为开脚大星），与横山分落开帐落脉者，俱不可少（星辰广阔，故须护带），此三者若无护带，为出脉无地步，护带不豁开。如八字而反插入者为敛（或直生或背向里者皆是），惟外背内面，先分开面尾插入者不忌，护带无背面为闲砂，一边背我为无情，皆不成地，中小星辰，不拘护带有无（有则更妙），尖圆方之正体星辰，常无护带（正体星辰开隐个字之面必有肌理刷开，故不须护带），护带亦有生于明肩外者（明肩外者有砂包囊重重均为护带），总要外背内方圆方真。

所谓龙之蝉翼者，以其所分至隐，如蝉翼之轻薄也，蝉之飞住不同，故蝉翼有舒贴二体，舒者上半贴于身，至翼尾则分开两片于旁，三股并然可见，贴者翼尾紧贴身上，两股隐然难明（三股连中间脉路，说两股单指蝉翼言），山顶之蝉翼舒者多而贴身者少，穴旁之蝉翼，舒者少而贴身者多（贴身不显然分开有隐分之势），开脚星辰，顶上化生脑无蝉翼，界水贴脉，透头为贯顶，断不结地，虽有蝉翼面顶上就分三股，如鸡爪者亦为贯顶，中有水痕穿透者，为蝉翼离身，不成地者，十之八九。须看落脉之仰覆，旁砂之向背，以为弃取（得脉如鹅毛之仰，砂如手臂之向者，亦能结地），必上截如覆锅一般，落下段方分两片于旁，始肖蝉身之翼，盖蝉翼非头上所生乃离头一段而生，非顶上就分三股，乃落下一段方成三股，若一边先分，一边后分，为蝉翼参差，一边有蝉翼一边无者，为边有边无，皆不成地。惟一边无蝉翼，而得肌理之分者，亦能成地，但肌理之分甚微，与边无不甚相远，亦须以脉仰覆，砂之向背证之。

若山有尖圆方之正体星辰，与突泡球檐有满面肌理之分者，不拘贴身蝉翼有无，皆可以论地（肌理之分亦能分水故可无蝉翼），所谓龙之肌理刷开者，以其所分至隐，如肌肤纹理，又如糊扫在壁上刷作分开之势（有隐然分开之痕影，无显然分开之技条，须细心体认），凡有顶有泡，出脉结穴处，皆不可少，在低小正体星辰，与节泡球檐之无蝉翼护带者，固全赖此隐然之分，以分开星面穴面，使不饱硬欹破，而面平即高大开脚星辰，与节泡球箧之有护带蝉翼者，亦莫不藉此隐然之分，以成星面穴面，若未分蝉翼之上无此（此字指隐分言，即肌理刷开也），则囊煞而刚饱，已分蝉翼之内，无此则不矬而硬直，何能使脉路穴情，有分金之平面，而形如鹅毛跷（音窍）乎，夫山之贵有分者，以其能荡开粗硬之气于两边，使中间脉路，有脱卸而软泛也，明肩护带蝉翼之分，但能荡开外层至粗之气，欲使中间脉路粗硬之气，脱卸净尽，非肌理肌刷开之分不可，故自分龙以至入穴，无一节一泡之肌理，可以直生敛入（直生则无弯抱之情，敛入则无分开之势），无半突半边之肌理，可以似分而分不净，其星面无矬平而带刚饱者（必无肌理痕恋），即是似分而分不净。

所谓龙之金鱼砂者，以其如玉带间所佩之金鱼袋，又如鱼身之划翅，特降星辰（即成座耸拨星辰），半山有突泡者，必不可少平冈龙体，不论在穴山，此为第二分，断不可边有边无参差，惟边短边长，股明股暗，无论明肩护带亦然。

所谓龙之牛角砂者，以其环抱如牛角也，窝钳真假，全在此砂弦棱之有无别之（弦棱者，砂身上隐隐有一线高起弯抱向里也），必须外背内面，而背面交界之际，对望之，若有棱起者，为有弦棱，如无背面，而内外交界处，对望之囫囫囵囵者，为无弦棱，边窝之格，定是边长边短，股明股暗，若半边全无者，则其无边之界水，必穿肩而入于唇内，故牛角砂亦不可边有边无。

所谓龙之牝牡砂者，以其玲珑临穴后，隐约蔽穴旁，如牝牡之交孚也（牝牡砂从乳突，阴穴为蝉翼，在窝钳阳穴为牛角，皆所以包囊穴身使界水不割），无牝右必割，无牡左必割，牝牡俱无，不能分开两畔之水，必左右俱割脚（淋头必然割脚，故穴后穴旁无牝牡砂均为割脚），无显然临穴之牝牡犹可，无肌理刷开之牝牡断不成地，盖有无蝉翼牛角，但得肌理刷开之面，而成穴者有之，未有无肌理刷开之面，但得蝉翼牛角而成穴者（蝉翼牛角不可无肌理之分）。

所谓龙之肌理刷开者，土肉之纹理，如牛肉理之斜生，雨渗入土，从斜理分去，圹中有水而无气，故穴中有水无水，以土理之分开不分开别之，则有气无气，亦以土理之分开不分开验之，盖天下有生气者，人物草木也，人物草木得有生气者，手足眉目羽毛鳞甲，枝叶蒂瓣显然之形体，固无不分，即寸肤寸肉，一叶一瓣，隐然之纹理，亦无不分，若只有显分而无隐分，是犹塑画者，虽具人物之形，全无生气，何能知觉运动乎，星辰虽有明肩护带，而无刷理刷开之分，即为粗蠢饱硬之体，何能有星面穴面之动气乎。故蝉翼牛角肌理刷开之分，更宜亟讲也。然则穴中有石无石，又何以别之，曰：亦在蝉翼牛角肌理刷开之分而已，有此分者，刚硬之煞荡开两边，中间自有趖平，硬中囊软，必然无石，纵有石亦如八字分开，其石必嫩，不谓之煞，石纹分开之中，必有土穴，无此分者，刚硬之石囊于中间，必无趖平而饱硬，即无石而纯土，亦不可插（多有石山土穴葬后祸不旋踵，总由无毬平分合，浑身是煞故也），带石之山，其石一直生下，或从旁插入，阴煞极重，惟石八字分开，而有真毬真平者，穴有浮石亦无碍。

所谓龙之分尽之分者，以分开金面之下，仍有分水之脊出脉者，未可言分尽也（金面下无毬平而有脊脉犹行而未止），必至球檐之显分而见蝉翼虾须，隐分而见肌理刷开（虾须指球檐，显分自有蝉翼可见，若嫩乳嫩突之隐分，惟有肌理刷开），中间不复有脊脉之起，面前惟见有圆唇之收（穴晕前有微毬之小明堂，方见圆唇两角收上而托），方为分尽，分尽之处，即是结穴之处。（附图1）

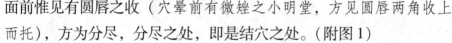

所谓龙之分金之面者，以穴后球檐，显者如覆锅，隐者如泥中鳖，穴前对望，俨如金字之面，俗谓之金屋，杨公谓之乘金，其劈中处，是分金之中也（即穴之中心），分金之中，即是点穴之中，未分尽而急插之曰：斗（是纯阴打穴斗煞即伤脉）。已分尽而缓插之曰：脱（是纯阳插穴，脱脉即无气）。不于分金之中，而旁插之曰：偏（偏则失脉）。盖出脉如菜姜之抽于心，结穴如花心之接于蒂。故曰：点穴之诀，在贯乎一脉之来，而处于至中之地，岂非言分尽之处，系分金之中，即是穴之意耶（以上论分，以下论敛）。

其明肩、护带、蝉翼、牛角肌理，不自内分开，而反自外插入，即不插入，而直生无抱向之情者，均谓之敛（要本身枝脚宕开），或有大八字，而无隐八字，或有隐蝉翼而无明肩，或边有边无，参差不齐者，亦谓之敛。盖当分不分，即是敛也，敛则生气不行，与分相反，分者阳气舒发，生长之象，敛者阴气收藏，肃杀之象，故自穴后球檐溯至分龙，太祖俱喜分而忌敛，但山之全无分者亦少，似分而非真分者最多，显然分开敛入者易见，隐然分开敛入者难明，或大分小分，似乎俱备，而地反假，或显分隐分，似乎有缺，而穴反真，诸疑般似不决定者，惟其脉路穴情，如知鹅毛之亢（音窍），宽牵线之软，两边护砂（左右龙虎贴穴牝牡砂俱是），如侧手臂之向者，必真脉路穴情，如覆鹅毛之饱，或如急牵线之硬，两边护砂，如侧手臂之背，或如手臂之覆，与仰面不向面背者俱假（覆则不分，背面仰而不向，虽仰何益），以此法互证之，而真假疑似，不难尽剖矣。

明肩护带蝉翼肌理刷开之图

右图上五节开脚星辰，下一节正体星辰。

明肩　明肩

翼　蝉
带　護

大八字之捵

大八字之捵

附图一

開刷理肌

群龙并出图

真：第一节大八字大，故地大。

假：第二节左边无大八字，左龙之大八字反背，地假。

假：第三节本身无大八字，左右砂俱背，亦假。

真：第四节大社会秩序 字小，故地小。

伪龙之图

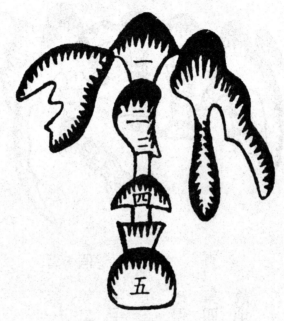

第一节虽分八字，出脉阔大贯顶。

第二节无大八字。

第三节大八字参差。

第四节无蝉翼，三中雞脚。

第五节囵囵无棱角，俱假。

右图第一节护带敛入，先分开而外背内面无妨，三节六节，界水透顶，在蝉翼外无妨，四节左边无运翼，犯边有边无之病，如在穴山多不成地，今在后龙，旁砂，如花瓣相向，脉路如宽牵线前后龙俱开面无妨，五节脉路，阔大似贯顶，但有肌理刷开，逼开界水，不致扣脉，非无分中有分，则必有小矬小平，而不硬直亦无妨，七节左边无蝉翼砂，本是大病，幸非穴山，前后龙俱开好面，本身脉如宽牵线，旁砂外背久面，故无妨，若半山无金鱼砂界水扣肋割脉，得脉如见牵线，左右砂外背内面亦无妨，八节正体星辰似饱，幸而两边菱角伶俐，中有肌理刷开之分，必有小矬小平之势，故虽似饱无妨，若八字囫囵无菱角，中间虽有肌理隐分，而无数次，小矬小平，及无儿囱之微有（音一无来之杀也）者，为分不尽，必无融结，况肌理直生敛入者乎。

凡分敛之病，共有十。至凶而不能变吉者，有十焉，一曰：无大八字。二曰：大八字参差不齐（一边先分，一边后分）。三曰：大八字少一边。四曰：大八字囫囵无棱角（囫囵即无背面，无背面即无菱角）。五曰：大八字之内既无蝉翼，又无肌理刷开。六曰：界水

病龙无得之图

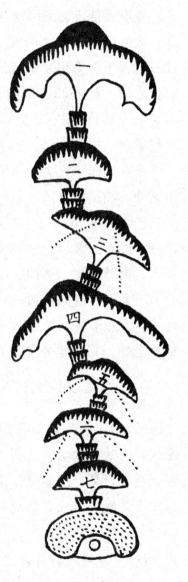

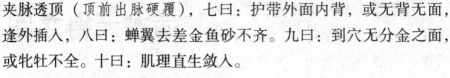

夹脉透顶（顶前出脉硬覆），七曰：护带外面内背，或无背无面，逢外插入，八曰：蝉翼去差金鱼砂不齐。九曰：到穴无分金之面，或牝牡不全。十曰：肌理直生敛入。

龙有病能变好面而结小地者三，一曰：大八字一边反背，二曰：大八字自分个字而成龙，三曰：大八字反小而不罩其小八字。此三者得下面博出星饱（穴山成星体，吉形牛山有递脉节泡），有分金之面，脉路仰而不覆，穴隋面而不饱（临穴球檐与牝牡砂均有隐分之面），左右砂向而不背（指龙虎砂而言），出唇吐气，砂水聚集者，仍有小结，不可以祖山不美而弃之。

虽有病而不伤大体者五：一曰大八字，一边倒棱。二曰：本山出脉处，被护龙之砂，自外插入。三曰：内层之护带蝉翼当小，外层之护带明肩当大，今相同如棕榈叶。四曰：后龙山顶蝉翼肌理之分，边有边无（一边有则生气从有之一边落下，故无妨），半边界水，夹脉透头。五曰：半山无金鱼砂，或边有边无。此五者得后龙节节开面，脉路段段矬平，旁砂面面相尚，球檐唇口分明，局势环聚者，虽有一节之疵，不灭真龙之力，又大龙将尽，节节分枝，成地之处，其分龙处之大八字护带一边背我者，不可以起祖发足之山谷论（此分龙是大龙行度处分来与起祖发足有别，盖枝枝成地之处，分大龙一二节，即入穴分龙便作太祖，故亦曰分龙详见于第三卷），因为其背我而弃之（脱化多者，砂水小能处处拱顾，果龙真穴的间或有背无妨），只要出脉处（分龙出脉处），有小开面，有矬有平，前途能传出数节开面星辰，本山枝脚不顾人者，亦成中下之地（以上论病龙弃取）。

问： 从来只有分合二字，今分字下添入敛字，合字下添入割字，何也？

答曰： 向、背、仰、覆、聚、散六字，一好一歹，俱有相反者为对，独分合二字，俱在好边，求其分相反之字，合字是也，求其与合相反之字，分字是也，然穴后宜分不宜合，穴前宜合不宜分（分则气束，合则气止，山洋龙法穴法二句，包括殆尽，此不但指穴后穴前之干流水痕言），故以敛字易合为分字之反，谓穴后只宜分开，不宜敛入，以割字易分为合字之反，谓穴前只宜合脚，不宜割脚也（合脚者，金鱼水从球檐从分来合于唇下，又有两砂兜抱其唇也，割脚详下合割篇）

问：　敛字与合字义似相同，而云忌敛者何欤？

答曰：　合字穴前始用之，自穴后球檐溯至分龙，太祖一见敛入，生气不来，况合者先自内分开外背，内面而环抱其内也，敛者竟自外插入内背，外面或无背无面而插入也，是以有别（上二节概论分敛）。

问：　但闻穴有蝉翼，未闻祖山山顶亦有蝉翼。

答曰：　董德彰云"出身处有蝉翼护带前去必成大地"，说见《四神秘诀》，出身者，太祖分龙处也，则蝉翼岂止穴旁有哉（此节论出身故上蝉翼）。

问：　肌理刷开，未尝闻之。

答曰：　横看壁面直指斜肤，彷佛有无，是为得之，此古人语也，非肌理刷开之谓乎。

问：　显八字之内，固不可无隐八字，但隐八字如蝉翼者可见，如肌理刷开者，非法眼难明，或草木蓁芜，或种植开损，虽法眼亦难明，且山水之个字三股者居多，岂尽如鸡爪假个字乎？

答曰：　但观山顶上截，有一段平面，无阴脊透顶，有挫有平，落下一段方出脉如宽牵线、仰鹅毛者，定有隐八字，便是正脉，若阴脊透顶，不先作一挫之势，而在出脉如急牵线或覆鹅毛者，定无隐八字，即有亦是砂体，盖真个字必平而无脊，上半截有肌理刷隐分，不遽然分开三股，故有平面（山顶上半截有平假个面方为开面之真），字必浑而有脊，上半截无肌理隐分（浑者刚饱之谓，山顶上半截有脊而刚饱者，即是圆顶出脉），即截然分开三股，故无平面也（此背论个字真伪）

问： 同在此山，何谓自外插入，即插入便何妨？

答曰： 如人之眉目，自印堂分开，法令纹从鼻旁分出，为自内分开，方成人相，若眉目自太阳生来，法令纹从两颧生进，为自外插入，便不象人形，又如花果之细枝数片嫩叶，一朵花瓣，从本枝本蒂分出，为自内分开，方成花果，若本枝无叶无瓣，或有而不全，被旁枝之叶瓣挨入本技，为自外插入，便不成花果。故大小八字，要在本目之顶与肩，先作分开之势，然后环向其身者，为自内分开，方能成地，若本身不行作分开之势，被隔股别技之砂从旁插将进，不为自外插入，断不成地，盖自内分开而环向本山者，定是外背，内面自外插入，而唐突本山者，定是内背，外面或无背无面，若本身已有大小八字，自内分开，而隔股之砂，自外插入则不忌，但面来向我者佳（此节论穴山大小八字之外）。

问： 龙格中惟梧桐两边均匀，蒹葭杞梓杨柳等枝，非参差不齐，则边有边无，其福力虽不及梧桐枝，未尝为假。今以参差不齐、边有边无为假，得无背先哲之论乎？

答曰： 彼所论者，行度处之枝脚桡棹，予所论者，开面处之大小八字，杨柳蒹葭边无参差而不妨者，以分龙入首，开面成星，自有明肩蝉翼之齐分者在，设此处边无参差，虽梧桐枝亦假，乌能成地（此节论分龙入首须明肩蝉翼）。

问： 分敛之法，可辨地之真假，亦可辨地之大小乎？

答曰： 万观其始分再抽之际，大八字大护带多者，前去必成大地，大八字小，护带少者，前去必成小地（此论护带）。

问： **十六字中，首列分字字者何钦？**

答曰： 分字即开面之开字，未有不分而能开面者也，故分字为
首重云。

问： **子言无分金不出脉，岂水木火土无脉乎？**

答曰： 五星之体不同，而分金之面则一（星体虽不同而落脉必
成金面，故说：分金。盖言分出如金字之形为面也，非
谓五行之金），如曲些是水之分金，长些是木之分金，
尖些方些是火土之分金，五星皆有分金之面，然后出脉
也（此论星面）。

问： **子言分金之中，是点穴之中，金星吊角穴闪薄边者，岂**
亦在分金之中乎？

答曰： 金星吊角者，因为当中不出脉，闪归个字之八丶边出脉，
而隐然分金之面在于角上也（金星吊角，大金面之旁另
开小金面，点穴小金面之中即是分金之中），穴闪薄边
者，因为当中厚而死，分金之面，闪归薄边，如人侧面
一般，虽非折量之中，未尝不在分金之中，故宜就其金
面中立穴也（此节论闪脉）。

问： **何谓化生脑？**

答曰： 山头如人之顶，化生脑如人之额（山顶前之微突连于山
顶者是也），谓之化生者，以山之起顶乃是阴体，欲落
脉必先作隐隐分开之势，将硬气荡开两边，则隐分之叉
下，必有一呼之微，有如小儿囟门之上截（如儿囟上截
者，喻其有之极微），此阴化阳而为阳也，从此化阳之
前，生起小脑，是为化生脑，此阳化而为阴也（顶前落
脉微有，有前微起，有此阴阳变化脉方不起），阴阳变
化，呼吸浮沉之机，已朕兆于此（吸则气升而浮，呼则

气降而沉），故其脑上必有分开之金面，分下有一呼之
微者，必前有一吸之微起（微起便是小脑），而此下之
节泡球檐，亦莫不从此化阳之前生，故脉动而气生，若
不从化阳之前生起，则生机已绝，无阴阳变化，即无呼
吸浮沉之动脉，何能有气（有前生突则气生，不从有前
生突则气死），故顶前无此脑推出，而穴中直见其顶者，
固不成地，即有此脑而不从化阳之前生出，则阴煞未化，
亦不成地（有脑而无有即是纯阴，此节论化生脑）

问： 篇中引喻人物草木，于地理何关？

答曰： 以其分合向背之性情，与地理同。地之生气不可无分合向
背推之，地之分合向背，亦如人物草木之分合向背也。然
非登览涉历，细心理会，难按而知，今试以人面喻之，百
会山顶也；额化生脑也；耳与颧骨，大八字也；眉目小八
字也；面上肌、肤细纹，肌理刷开也；法令纹，虾须水
也；印堂平，脉不贯顶也；山根软，玄武垂头也；鼻准丰
隆，天心壅突也；准头截断，球前一矬而脉止也；人中葬
口也；下颌，圆唇也；法令颧骨之兜收下合也。再以花木
喻之放甲，祖山之分也；未抽条，先布叶，如有个字方出
脉也；欲作干，先分枝，如有桡棹方成龙也；大叶之内，
旋生小叶，如大八字内，有小八字隐八字也；花蒂，到头
束气也；花开，开窝结穴也；结果，聚气突穴也；花瓣之
放开，上分也；花瓣之抱向，下合也；眉目法令，甲叶蒂
瓣，俱自内分开，外背内面，非自外插入，俱双双对分，
非如不对节草边无参差，山之明肩蝉翼金鱼砂，俱当似
之，反此则假。夫人物草木之无地理，同气而异形，万殊
而一致，散之虽分彼此，要之可以相通，故昆虫物类，皆
得以取形定穴，亦以形虽变，而分合向背之性情则一也。

4 仰 覆

（此篇端论垂头出脉以证开面之有无）

何谓仰覆？曰：如仰鹅毛宽牵线为仰，如覆鹅毛急牵线为覆（仰鹅毛与宽牵线、宽软无异，覆鹅毛是饱肚。急牵线是直硬，二者不同。山仰是开阳献面，阳主生山，覆是纯阳囊煞无生煞也），仰鹅毛（俗称毛跷），宽牵线，皆软脉之形也。出脉如之，自然有扑前之势，有顾下之情，即是垂头（自成章云："垂头开面精神所注，顾左则穴居左，顾右则穴居右，顾中则穴居中"）。急牵线覆鹅毛，皆硬脉之形也，出脉如之，自然有退后之势，无顾下之情，即是不垂头（大抵头俯则腰软，自然面头仰，则胸突意向前奔）。头之垂不垂，在矬平之有无真假，又在分之有无真假定之，真分者，显分成个字之形，荡开外层之硬气，隐分成分金之面，荡开内层之硬气，硬气荡开于两旁，脉必脱卸而软泛，故隐八字之又下小矬一矬，而有数尺之峻，峻前小跷一跷，而有数尺之平（此论山顶开面出脉），其平尽处近下看之，必是些突泡（此突泡在山顶前即是化生脑），其泡亦必有隐八字之分，有小矬小平，递下凡有微泡（概指递脉突泡而言），皆分隐八字，而隐八字之叉口，必有微有（微泡有有方见八字隐分递脉），如小儿囱门之上截，脉从此微有中递下者，即是脱卸而软，软之甚者，以二三小矬小平，作一大矬大平之势，下面又有总还跷之大平（大矬大平之下，又有大平之总还兀，方见脱卸之极软，但下面又复有分，此处尚非穴场），大平尽处，下面望之，必是一大泡，其泡又复有分，有矬有平，递递而下。脱卸不甚软者，止有数次，小矬小平，或间中矬中平，至球檐下方有总还跷之大平（脱卸不甚软，故递脉无还跷之大平，直至球檐下圆唇托起方是总还跷）。

然山体不一，有三停俱大矬大平，或中矬中平者，有中截只小矬小平，上下截有大矬大平，或中矬中平者，有矬短而平长者，有矬长而平短者，有极矬极平者，有略矬略平者，有矬不止峻，而平极平者，有矬极峻，而平不甚平者，有矬极长而平在依稀之间，远望如宽牵线，有顾下之情者，有矬极短，而平在依稀之间，远望如急牵线，无顾下之情者，有大小疏密长短不等，襟然迭出者，虽如此变化不定，聊取其中四者论之，以概其变曰：大矬大平，小矬小平，极矬极平，略矬略平而已（以上概论垂头出脉，以下逐类分疏）。

大矬大平者，形如长宽牵线，极矬极平者，形如极宽线，其垂头之情不拘远者近者，横看对看，明眼庸眼，皆可得见，后龙数十节如此者，必是特达之龙，穴山三停如此者，必是显明之穴。然不可多得也，后龙数十节之内有四五节如此者，亦是特达之龙，穴山三停之内，有一二停如此者，亦是显明之穴，略矬平者，形如略宽牵线，其垂头之情近看方见，而远看未必见，横看见，如对看未必见，明眼方见，而庸眼未必见，后龙在三五节于极矬极平之中，亦是特达之龙。若太祖分龙少祖父母山，三停落脉皆如此，龙虽不假，决不发扬，阴势不尊故也（分龙少祖父母山出脉处，俱宜极矬极平或大矬大平，以见峰峦耸拔，降势尊严，龙身长短贵贱亦于此辨，若三者出脉俱略矬略平，即是低小牵连，力量微薄）。

穴山三停之内（太祖分龙、少祖、父母山是龙身之三停，顶前化生脑、平山金鱼砂、临穴球檐是穴山之三停），在一二停于极矬极平之中，亦是显明之穴，若三停落脉，纯然如此，须观顶前之化生脑，半山递脉之突泡，穴后之球檐，不塌头贯串而下者为真，不裹煞而有金面之开，脉必从隐八字之叉口而出，而隐八字之叉口，个对一个，贯串而下者为真，若塌头而金泡不起，裹煞而金面不开，脉不从隐八字之叉口而出，而隐八字之叉口，个不对个，左右散乱而下者为假（穴山三停落脉若俱无大矬大平，以个字之贯串散乱辨脉路、穴情真假自无遁形），力量只随后龙，不以到穴之略宽牵线限之，小矬小平者，形如短宽线，又如不儿卤门之上截，矬平之势短而隐，远看必不见，两边隐八字不矬，而遮其中心之矬处，横看亦不见，远看不见其小矬小平之势，则必类不矬不平之体，横看不见其卤门之有，则必类急牵线之形，惟在数个大矬大平之长宽牵线，极矬极平之极宽牵线者，即远望线，即穴之势可见，若其小矬小平，连有数次，或十余次，而十余丈间，无稍大之矬平者，具垂头之情，必非远观能见也，盖有矬平之宽牵线，与大矬大平之长宽牵线，远观而见者，固是垂头，即小矬小平如短宽牵线，近观得见者，亦是垂头，惟不矬不平，如急牵线者，方是不垂头不出于个字分金之面。虽大矬大平，如长宽牵线，亦是假垂头，出于个字分金之面，虽小矬小平，如短宽牵线，即是真垂头，不可因为远观不见，而弃小矬小平之真垂头也（勿因为大矬大平之宽牵线，遂忽略不辨真假，故以有无个字分金之面别之）。

但小矬小平之类，急牵线与真急牵线，相去不远，不可不辨，如背驼而陡，面宽而平，必金面有拜前之势（拜前即扑前），左右有内顾之情，顶上明肩，中停暗翼，齐齐分开，不边无参差，不自外插入，性情不侧面顾人，界水不透顶扣肋（山顶落脉如鸡爪，水必透顶，半山无金鱼砂，水必扣肋。此论山顶而兼及半山递脉分砂），有菱有角，不破不欹，而端正开面（承上言界水不透顶、扣肋，则山顶与明肩自然不破不欹，而开好面也），自正面观之，顶间有隐隐八字，如糊笔之刷开，隐八字中，又有小矬小平，如小儿卤门之上截，矬平之间，有短宽牵线之势，矬平之尺有微突抬起之形（此言山顶开面出脉，但有小矬小平），而微突又开金面，分隐八字，一矬一平，如儿卤门微有（顶前微突开面方有隐分微有），如短宽线递下凡有微突（落脉小矬小平，故半山递脉只有微突），俱有隐八字之叉口，个顶一个，贯串而下，不左右散乱，脉贯隐八字之叉口，随具微起微矬之势而下，便是生气之动，反此则假。然非明察秋毫，不能辨此，凡出脉处（分龙少祖父母山出脉之处俱是）。辨龙辨砂到穴处（穴山球后檐俱是），辨生辨死，全在此二三小矬小平别之。

在数个小矬小平，于大矬大平之内，与上下者，龙力极旺，惟祖宗顶上落脉处，不宜单见小矬小平之多，而远望类急牵线，行度小星，单见无妨。在穴山有上截（指顶前化生脑），单见此而下截（指球檐），方有显明之矬平者，有中截（指金鱼砂），单见此，而上下截有显明之矬平者，有临穴单见此，而上截有显明之矬平者，有三停均是小矬小平，并无显明之矬平者，俱以上法辨之。

力量只随后龙，不以此限，盖后龙非大矬大平，龙势不旺，故不喜小矬小平，生气亦动，故不必大矬大平之兼至（穴山有呼吸浮沉之动气，故不必兼有大矬大平者，有小矬小平复有大矬大平者，更征龙脉之旺）。不然，惟坐体星辰，与宽坦之山（宽坦即卧体星辰），方得兼收。而峻极之山，如尖火壁立、直木插天、突金拱起、飞蛾贴壁、挂钟覆釜等形（此皆立体粗蠢星辰，若开面落脉内有小矬小平，亦能结地），皆在所弃矣（此节论分龙少祖，父母山与穴山球檐起顶有小矬小平之类急牵线）。

无分假分者，或明肩不全（即边凸边凹），或蝉翼有缺，或外砂敛入，或八字背身，硬煞包囊于中间，矬平不见于顶下，或有一矬之峻，而假矬无顾下之情，或有一段之平，而平尽无抬头之突（此论顶前出脉饱硬），或虽有突，而金面不开，或虽有面，而隐八字无有，或虽有，而又不对叉，终无急牵线覆鹅毛（因为化生脑无真分之面，故递脉无生动之机），身无拜前之劳（即不顾下），顶有塌后之形（即不抬头），谓之不垂头。在太祖分龙，为根本先凋，前去必不成龙，所去必短而不长。在度星辰，为节龙带煞，后代行至于此，节必有凶败之应（旧有后龙节管一代之说）。得前后龙皆开面，不伤大体，如在少祖父母山，为胎息不成（胎息即子孙，盖自太祖分龙而未行度处，高大星体为远祖远宗，近穴山数节有特起星辰为少祖，穴山玄武，后一节为父母少，则祖父母山皆远祖远宗之子孙也，不成者，无发生之意），在穴山顶上为塌头，在半山为突胸饱肚，在球檐穴前为塌头削脚（穴后不垂头为塌头，穴前不抬头为削脚），有一犯此，即不成地也（此节论真急牵线）。

问： 山之不可不垂头，何也？

答曰： 分八字之形，是开阳献面，拖中个之真，是束阴吐脉，隐八字之叉下，一矬而成囟门微有，是阴中化阳气之呼而沉也，有前之脉路一平而起，抬头微突，是阳前变阴气之吸而浮也，此阴阳变化，呼吸沉浮之机，相递而下，在性情论曰：垂头。在动静论曰：动气。卜氏曰："山本静势求动处"。蔡氏曰："休言是木是金，动中取穴"。杨公曰："察其生气动与不动"。动则生，不动则死，气不可不动，故头不可不垂（此节论垂头出脉）。

问： 《葬经》但言玄武垂头，今祖宗父母山，皆欲垂头，无乃过求乎？

答曰： 穴左数重，皆为青龙，穴右数重，皆为白虎。穴后来龙诸山，独不可皆为玄武乎。然则胸腹之突泡，穴后之球檐不垂头，到头焉有生气（此节论来龙及半山突泡穴后球檐之垂头）。

问： 山忌突胸饱肚，则胸满之间，似不可有突泡，而递脉下来，又不可无突泡，奈何？

答曰： 顶下不矬而起突，突前不矬而落脉，上塌而下削，故为突胸饱肚。若突泡前后，俱有矬有平，突泡愈多，愈有软泛活动之势，何得为突胸饱肚。若突泡前后，俱有矬有平，突泡愈多，愈有软泛活动之势，何得为突胸饱肚（此节论半山突泡）。

问：　穴忌削脚，则山成立体，穴下峻者，皆非地欤？

答曰：　所谓垂头者，不必定如仰鹅毛之平斜倚靠也，如鹅毛之竖倚靠亦是，故削脚江削脚，不在山之峻与平，只在形之覆与仰，至峻之下，略还跷便是垂头。至平之后，无一矬即为削脚（后无矬则前不还跷），故曰：垂头不削脚，削脚不垂头，第所谓还跷者，不必定有高起一段，亦不必定如平地，只如仰鹅毛之直倚靠，比上山壁峻处较平些，而有抬起之势，便是还跷（鹅毛直倚靠上垂下跷）。若塌头贯顶，虽下面有平，亦非还跷，但真地之圆唇平仰如台盘者，十有七八，半峻半平，如斜倚靠仰鹅毛者，十之二三，峻仰直倚靠仰鹅毛者，百中一二，削下而无还跷之势者，断然无地（此节论唇）。

问：　宽牵线之脉，不出于个字分金之中，已知其为砂体，宜不结地，亦有出于个字分金之中而不结地者，何也？

答曰：　此大龙方行处之枝脚桡棹也，大龙之枝脚必长，若无个字分金之面与宽牵线之势，则不能远行，以作正龙之护，故个字分金之面，宽牵线之势，亦间或有之，不能节节俱有用也，及观其大势，必侧面而顾人（枝叶散乱，操织由人），察其到头，必覆体而不变（不分金面纯阴无阳）。故虽间有个字分金之面，与宽牵线之势，亦不能结地。夫覆体不变易知，侧面顾人难察，欲知其顾人不顾人之性情，须登高远望，四面观之，方可了然于胸（内照经有近视远视前观后观之说，山洋龙穴看法皆当如此），若只在穴场一看，未尝不被其朦胧也。

问：　每见穴山有百十丈，急牵线之脉，而又能结地者，何也？

答曰：　此八般脉中之梗脉也（乳、珠、气、皮、节、泡、梗、块、为八般穴脉见二卷峦面篇），只忌透顶，如急牵线，故透顶出脉者，为贯顶，不谓之梗。若山顶分开金面，有一矬之峻一跷之平，平尽有抬头之突，又分两片蝉翼于旁，直下数丈，远望似梗（如木之梗），故曰：梗脉。然上面须有隐隐八字，隐隐矬平，脉方不死，故不谓之急牵线。第到头还须起微突之球檐，开分金之面，球后球前，俱要有矬平之，不然，则到头无动气，虽不贯顶出脉，亦不成地（梗脉虽能结地仍以到头有动气者方为真结），盖球后无平，何以见其球之起，球前无矬，何以见其檐之滴，檐前无平，何以见其气之吐，球檐无分金之面，何以见其葬口之门，不但梗脉当如是，凡穴皆当如是也（此节论梗脉结穴）。

或曰： 山高而矬，必有一段之峻，山高而矬长者，其峻长亦长，势必如急牵线，奈何？曰：所谓宽牵线者，合峻下还亢之平观之也，峻下无还亢之平，方为急牵线，有还亢之平，则此长矬之峻，正为还跷张本，何得以急牵线目之，然亦要几个隐隐八字，隐隐矬平，在此长矬之内，非真如急牵线者方佳（此节论高山落脉）。

问： **平岗龙何以见其垂头**（平岗龙平坦而不甚高峻少见起伏）？

答曰： 高山以起伏为势，而佐之以收放曲折，故垂头之处多。平岗以收放曲折为势，而佐之以起伏，故垂头之处少。然不垂头，虽有收放曲折无益。故平岗龙于起顶分个字之处，得一矬之峻，便作垂头之势，如人仰卧而抬头顾胸，方能成龙。不一矬而挺然平去者，必是砂体。但高山是坐体星辰，矬常长而平常短，胸腹显有突泡之递生，故垂头之形，对方面远观即见。平岗是卧体星辰，矬常短而平常长，胸腹微有突泡之递生，故垂头之情，近者方见。至结穴处，其顶上开面垂头之下，亦须再有突泡（此突泡即穴后球檐），分开金面，方能吐气结穴（此节论平岗龙垂头）。

问：　**横岗落脉**（横龙腰落与大龙行度处开平面落脉者是），**与肩臂落脉者**（从大八字丿乀边落脉者，与见前卷偏面篇），**何以见其垂头？**

答曰：　横岗肩臂，虽不起顶，而贴平岗之前，与肩臂上有化生脑，并蝉翼肌理之分，有矬有平，出脉如宽牵线者，便是垂头，不必定须有顶（此节论横龙与大八字丿乀边落脉）。

问：　**假如一山分作数条，并下俱开而成宽牵线之势，如欲知主从？**

答曰：　只观顶下（即山顶前）与球后之一矬，比他条之矬更甚。矬前之一平，比他条之平更长。矬前有八字水痕，平前有抬头涌突，突前有分金之面，身不顾人，唇圆堂聚者是真穴，两条相等是并结，反此是砂。盖真龙必翔舞自如，旁砂必侧他顾也，夫山之喜其矬者，欲其有垂头之势，为下面还亢之长本也。喜其还亢者，观其抬头之突，为下面垂头之张本也（上亦垂要之势外也，石燕还跷垂头，正为还跷地步。如山顶垂头出脉生而突泡，临穴球檐唇毡兜起，皆是下面之还亢，而本于上面之垂头也。还跷，即是起突，上面起突下面自见垂头，起突正为垂头。地步，如山前化生脑，突起可见化生脑之垂头，半山节泡突起，可见半山节泡之垂头面是也）。矬前有八字水痕者，乃上下个字相接之处，必有八字折痕，收束其气，使脉路有收有放，而不直硬其颈也（颈即气脉束细处）。平前有抬头涌突者，因为上面有矬有平有分水，下面与在旁观之自成涌突，不必比平处更高一段，方为涌突也。故凡结穴之山（下论穴坦峻二体），坦而不峻者，顶下与球后，必大矬一矬，大平一平（山势坦而不峻，顶下与球后故均有大矬大平）。此处虽似可立穴（指顶球后言），但有微分八字，水痕知其脉尚行而未止（结穴后必有薄口如掌心方佳，若有微分水痕，气脉尚行）。极峻之山，顶下与球后，亦必大矬一矬，略平一平（大矬者，峻处不可板授，略平者，平处可以眠坐。山峻故顶下球后矬长而平短），下面方能结穴，故不但穴中穴前要平，穴后亦宜有平（穴中，立穴之处，穴前指唇毡，穴后，球檐之后也）。顶下之泡，俱宜有小平也（顶下之泡即化生脑，脑后略平方见脑之突起），顶下之泡无平者，所降非真脉，球檐之后无平者，穴中虽平亦非（山顶前无平即无化生脑，故降脉不真，球檐后无平穴不起顶，即无金鱼水之分，故下面虽平非穴），但不先矬一矬，虽有平无益（不先矬而平者，即是纯阳），故矬平二字，不可相离（矬为阴而平为阳，阴阳相见方是有生气），更要矬处有扑前之势，平处有还亢之形，上不塌而下不削，在个字分之面中，隐八字之叉下者，方是球，球后有平要有（有，有则见其矬），虽短无妨。球前之平虽长，不矬而铺还假（球前平处略矬，方见有檐不矬而铺，则无檐而球假）。误葬球后之平者，其平长大，祸稍迟，短小者祸至速。破球者气必散（临穴之球，真气所聚破则气散），球前矬处，卸下而未停（脉犹未止），檐前平处，仰承而气聚（檐前平处，即是穴晕，勿误认晕前薄口为平处，盖薄口是小明堂也），凑卸未停处插穴（即是凑檐而打），不但减福，恐伤其龙（伤龙则斗煞），故点穴必在檐前平处（此节分别穴山落脉真伪并论坦峻山脉路穴情）。

问：　本山已经垂头，其肩臂直抱可乎？

答曰：　玄武欲其垂头者，取其势之扑来，情之顾下，其两肩两臂，亦须有扑里之势，显出内顾之真情。肩臂之外，均须有驼出之形，显出扑里之真背，则本山之垂头方真。否则虽落脉如宽牵线，亦无益也（此节论穴山肩臂）。

问：　每见中脉只有小矬小平，龙虎反大矬大平，岂正穴在龙虎乎？

答曰：　此当观其个字分金出脉，顾人不顾人之性情，如出于个字分金之中直，自主而不顾人，人来朝我者，虽小矬小平，亦是正脉，出于个字分金之𠃌八，侧面顾人，人不朝我者，虽大矬大平，亦是旁砂。然则龙虎何须大矬大平乎？曰：杨公云"若是面时宽且平，若是背时多陡岸"。宽者即宽牵线也，平者即有矬有平也，陡岸者，即无矬无平，而如覆鹅毛也，故山面不惟中脉有矬平，即龙虎亦有矬平。而山背则不然，且龙虎之有矬平，正以显穴山宽平之正面耳。但龙虎有个字分金之面，自主而不顾人，仍有矬有平者，亦能结地（此节论龙虎矬平）。

问：　仰者为阳，覆者为阴，有阳不可无阴，则有仰不可无覆，今喜仰恶覆，何也？

答曰：　山形俱上小下大，中凸旁低，其体原覆，脉路又覆，则孤阴不生。阴覆之山，得阳仰之脉生气方动，喜仰者正于覆中取仰。忌覆者，不忌山体之覆，忌脉路之覆也（此但指阴覆之山而言，若山体坦平，反宜阴脉，总之阴阳变化方有动气）。然则，古人何不及之？曰：廖公云"饱是浑如箕样，丑恶那堪相"。是喜仰之意在言外，杨公曰"仰掌葬在掌心里"。又云"也曾有穴如侧掌，却与仰掌无二样"。虽不言及覆掌，而忌覆之意在言外。

曰：金刚肚、虾蟆背、鸭公头，非忌覆之谓乎？曰：好格面平方合样，高山顶上平如掌，横观落脉宽牵线，非喜仰之谓平。然则形如覆釜，其巅可富谓何。曰：此当与形如覆舟，女病男囚并论，覆釜就星体言，覆舟就气脉言，星体不忌覆，气脉忌覆，故一好一恶如此，然覆釜之山，后无宽牵线之脉，巅无平仰之盘，何能结地。覆舟之山，分开金面有𨂂有平，出唇吐气，奚至为凶（总是阴宜见阳之意，此节论气脉）。

问： **仰覆二字，于地理果何关切？**

答曰： 葬覆鹅毛之山，必主败绝，有不败绝者，必别有吉地。然凶祸亦断不免，葬仰鹅毛之山，必主兴旺，间有兴败者，必祖山（分龙而来，远祖远宗及少祖山皆是），偶有一节覆鹅毛，不能节节如仰鹅毛也，若自分龙以至穴山，自山顶（穴山之顶），以至穴唇，无一节一段，不如仰鹅毛，自然发福（此论仰）。

问： **前言辨真假，以分、敛、仰、覆、向、背、合、割八字，今止就仰覆二字，断地之真假，则彼六字已不用乎？**

答曰： 无𨂂无平，如急牵线、覆鹅毛者，非无个字，必假个字，非一边反唇，必无背无面，非半山暗翼而割肋，必穴前少圆唇而割脚。若节节段段有𨂂有平，如仰鹅毛者，必有个字分金之面，外背内面之砂，出唇吐气，合而不割。故因此可参彼六字，非谓可遗彼六字也。

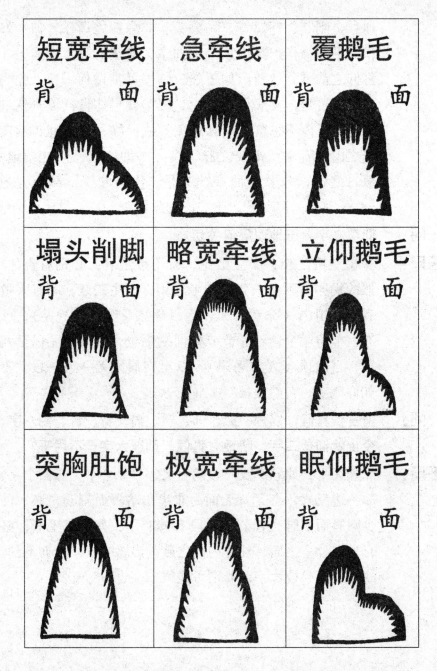

垂头之形，正面难尽，故尽其侧面，然诸图亦仅绘其彷佛，在学者潜心理会耳。

5 向 背

（此篇论护砂之向背以证龙穴真假）

何谓向背?

蔡氏曰："向背者，言乎其性情也"。予谓无向背，则不见性情，无菱角，则不显背面。菱者，分开大八字，有弦菱也（大八字之边弦有菱微起）；角者，明肩护带之稍如月角也，如于臂鹅毛之侧起外背内面而相向，为有菱角，内背外面而相背，为无菱角，或如手臂鹅毛之覆与仰，而不向不背，亦为无菱角，外背内面而有菱角者，抱来固为向，豁开亦为向，如莲花半开时，固向其心，至谢时而花瓣垂下，亦未尝不向其心。内背外面，与无菱角背面者豁开，固为背，抱来亦为背。如邻菜之叶，与我菜心相远，固是背我，即盖过我菜心之上，亦是背我。

蔡氏曰："观形貌者，得其伪，观性情者得其真"。原其向背之故，只在分之真假辨之，观花瓣菜叶，无一片不向其心，则可通其说矣。花瓣菜叶之必抱向其心者，以其从根蒂分出，自相护卫也，不然，则必有参在之势，分立之形，何能片片外背内面而相向乎。是以知真分者，护卫自已，故向而不背。假分者羽翼他人，故背而不向，或虽不羽翼他人，亦不护自已，而为闲散之砂，故无向无背也。夫花与华之生气不可见，观花瓣菜叶之相向，而知其生气在于心。地之生气不可见，观大小八字之相向，而知其生气在于内。语云："下砂不转莫寻龙"。其即向字之谓乎。但上砂向易，下砂向难，得下砂向，则上砂不患不向，必有地矣（下砂逆转定有真结，其上砂自然相向，若上砂向而下砂不向者，非真穴也），此一语，岂非寻地捷法乎？今人不识转字，即是向字背来驼我者，误认为转，无背无面而生转抱来者（砂脚向外砂体曲处似向内抱也），亦认为转，观形貌而不察性情，乌能得之（以上论明肩护带兼及上下砂，总以分之真假别其向背）。

至于六龙方行而未止之处，只一重下砂，真面向里，亦未足恃，杨公所谓"缠龙尚观叠数，一重恐是叶交互，三重五重抱回来，方是真龙腰上做"也（此论龙身行度）。他如朝托侍卫，及水口砂星辰之向背，则与此稍异，亦以分大小八字，腰软而肚不饱，外背内面者为向，无大小八字，肚饱而腰不软，内背外面者为背，即非背来对外驼我，无正面之真情向内者，亦为背。此皆不关地之真假，但减龙之福力（此论护卫开销星辰）。

若后龙星辰之大小八字不相向，或有一边向人者，为假龙。穴山之大小八字不相向，或有一边向人者，为假穴。后龙之大小八字相向，而两边送从缠护砂，有一边不向者，虽是龙必非正龙。两边之送从缠护皆向，而穴山之大小八字，有一边不向者，虽有穴必在他处。穴山大小八字，两边送从缠护皆向，而朝山不开面相向者，必是枝龙，而非正干。水口山不转面向里者，必是借用而减福力（水口山有不向内者，穴中不见亦可。此论龙穴缠护兼及朝案水口山）。

祖山分龙，两边岗阜向多者，龙旺横龙降脉，背后孝顺鬼逆抱穴者真（此论分龙处之护砂兼及横龙后鬼），入穴见向，而远观似背者，非龙，远观似向，而入穴见背者，非穴，外不豫背，而内有菱角相向者，可弃，不向左，不向右，而节节鹅毛跷，再得左右砂相向，虽旁观亦可取裁。或向左，或向右，而形如侧手臂，右左砂更有一边背我，并本身亦为砂体，本身龙虎向面外层皆向者，地大。外层不向，而本身龙虎向者，地小（此论体认内外远近之向背，分别龙穴之真伪大小）。

有等龙虎气旺，曜气飞扬，自本身龙虎一向之外，即飞扬而去，得总缠护水口山，面面相向，而抱住其飞扬之砂者，反为大地。此当求之寻常识见之外，然亦当观其祖龙如何，若祖龙行度节节开面，而分龙出帐过峡之处，两边迎送缠护，叠叠相同者方可（此论曜气）。

又有一等龙身于始分再抽之际，两边护从岗阜，向者甚多，至总穴处，但得水缠，并无护从，只有一股阴砂，仅堪蔽敌穴，亦为大地（有水环绕不嫌护砂微薄），故向背之本，在分龙作祖之处，穿帐过峡之时，而到头之向背，特其标耳（此论结穴护砂单薄，盖指出洋旺龙而言若山谷结地应以到头真向多者为贵）。

又有一等旺龙，枝枝结果，节节开花，一局之中结数地，数里之中结数十地，其砂必各自顾穴，何能层层向我而不背（多有成鱼尾砂，作两边之护卫）。只好论其本身之枝叶，不顾人而向自已，有星面穴面，便是美地。其外层皆自去顾穴，何能向我，只要借用得着，凑拍得来，象个局而不斜窜压射便佳。亦仍以真向多者为胜（此论旺龙结穴）。

中国传统术数总集 第一辑

又有一种怪穴，后龙之开面垂头，临穴之结脐吐气甚真（结脐，详乳突窝钳篇），而龙虎状貌，反背而去（指曜气飞扬）。以常见论之，何能成地，及细察之，其反去之处，有隐隐隐褶纹抱进，或层层石纹裹转者，亦成真穴。如反肘粘高骨、鹭鸾晒翼、雁鹅反翅诸形是也，然非盖堂之证验，垣局之会聚者不可（大地方成，垣局中小地只取唇口砂为证。此论龙虎反背）。

坤道珠玑曰："众山拱向，似乎有地，然要辨其真假"。既曰："拱向"，复有真假，于何辨之？在乎识背面而已，杨公曰："若是面时宽且平，若是背时多陡岸"。凡山之拱向者，果皆有宽平之面在前，更有陡峻臃肿之形在后，乃见面向我背在外，是真向也。若反此而状虽向我，其实无面便不为真向。向山主不真，主山便不结地。故看地当内看外看也，内看者，立于作穴之处，看四面之山，及本身左右，皆有情向我否，若众山无情向我，便结穴不真。外看者，四面之山，尽有穴内见其向我，穴外观之，乃反背无情走窜他向，穴中所见向我者，便非真面。向我者，假便非真地，故内看不可不外看也，但形貌背而性情向者，外观虽反背，内观则有情，龙穴砂水，件件真的，又不可执外观之法而概弃之。盖大势反去为形貌背石纹，裹转为性情向。如上所云鹭鸾晒翼等形是也，故石纹之向背，更宜细看。

（统篇大旨总以识背，而全在察性情为主，真分假分与石纹之向背是性情之显然者，更论及内外看法，龙砂向背自无遁形）

【附】蔡西山《发微论·向背篇》

其次莫若审向背。向背者，言乎其性情也。夫地理之与人事不远，人之性情不一，而向背之道可见。其向我者必有周旋相与之意，其背我者必有厌弃不顾之状。虽或暂焉矫饰，而真态自然不可掩也。地理亦然。故观地者必观其情之向背。

向者不难见，凡相对如君臣，相待如宾主，相亲相爱如兄弟骨肉，此皆向之情也。背者亦不难见，凡相视如仇敌，相抛如路人，相忌如嫉冤逆寇，此皆背之情也。观形貌者得其伪，观性情者得其真，向背之理明而吉凶祸福之机灼然。故尝谓地理之要，不过山水向背而已矣。

【附】《向背证穴》

向背者，山川之情性也。地理之与人事不远。人之情性不一，而向背之道可见。其向我者，必有周旋相与之意；其背我者，必有弃厌不顾之状。故审穴之法，凡宾主相对有情，龙虎抱卫，无他顾外往之态，水城抱身无斜走，堂气归聚无倾泻，毡褥铺展无陡峻，此皆气之融结，而山水之情相向也。吴景鸾《口诀》上说："但登正穴试一观，呼吸四维无不至。"其不曾下得真穴者，必细审无情。虽共山共水共明堂，共龙虎案对，只咫尺间，或高或下，或偏左，或偏右，便非正穴，自然山水不相照应。大势似有情，而细审是乖戾。故说"共山共水共来冈，磊磊排来似种姜。只有一坟能发福，来山去水尽合情"。"若远差一指，如隔万重山。"地理名师董公德彰说："一个山头下十坟，一坟富贵九坟贫，共山共向共流水，只看穴情真不真。"正穴当高而扦低，则四山高压，安得有情？正穴当低而扦高，则拥护夹照不过，安得有情？正穴当居中而扦于左右，则案山堂气皆偏，而白虎青龙失位，或撺或急，或下明堂，或压坟，安得有情？故地理点穴不可有咫尺之误，务使中正无偏，自然山水四向有情，而得其穴之的也。

中国传统术数总集 第一辑

后鬼逆抱护穴
馀枝迴护

护砂向背图

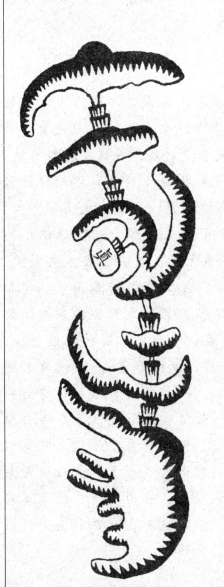

6 合　割

（此篇论砂之分合以证水之分合，水之割可见砂之敛脉，穴真假均于此辨之）

何谓合割？曰：有分必有合，无分而敛者，必割。但割之义有四，如山顶化生脑有蝉翼，或肌理刷开之分，则水痕必在蝉翼肌理之外，分开如八字，为界出脉之水（出脉处有分砂水，必两分水分脉降，故曰：界出脉水），若无此分水，必夹脉而透头，谓之割脉水（顶前无蝉翼肌理水即透头）。半山突泡有金鱼砂之分，则水痕必在金鱼砂之外，分开如八字，为界行脉之水（须前蝉翼肋下之水，在金鱼砂外分开，所以界脉而行，故曰：界行脉水），若无此分水，必夹脉而扣肋，为逐字割肋水。球檐有蝉翼肌理之分，则必痕必在胖腮外分开，如法令纹之合于颔下（此从金鱼砂肋下分出，绕穴肋旁而合于唇下），为界入脉之水（球檐有分砂，则穴腮圆胖，水于此分，脉从此入，故曰：界脉水），若无此分，则穴腮必不胖，水必夹脉而斜合于颔下，谓之割脚水（有球檐而无蝉翼肌理之分，则穴腮不胖，穴后雨水直来斜合唇下，即是割脚。按以上论，分水为主故从山顶说到临穴）。

或穴旁少一边蝉翼（指乳突穴言），而隐隐界水，在唇内斜过（穴旁一边界水向唇上斜流，是割脚而过），或余气不从本身铺出（余气从穴间铺出者真，详见三卷裀褥唇毡篇内），或左或右，反高起铺来（此一边界水在穴前斜来），或两边俱高起铺来，而隐隐隐界水，在余气内合（穴前余气不真，两界合于余气之内，为割脚而合）。或窝钳穴一边牛角砂，非本身分出界水，穿膊斜飞流穴之畔，总谓之割脚水（乳突少一边蝉翼砂，界水从穴后斜来，窝钳少一边牛角砂，界水从穴旁斜流，以及余气，不从本身铺出，界水或一边或两边铺来合于余气内者，俱是割脚，故曰：总是割脚水）。

或大小八字一臂（指穴山言），被旁顶之砂，自外插入，其枝从中必有水痕穿入，谓之割臂水。割脚割臂，不必两边齐犯，即一边犯者，断不成地，其割肋水，间有不忌者，必山顶与穴旁之蝉翼俱全脉路如宽牵线之软（半山割肋，因为无金鱼砂，得脉路如宽牵线者，水从鱼两边分去，故可不忌），旁砂如花辨之相向，其透顶割脉，水后龙只犯半边，亦间有不忌者，必穴山顶二之大八字，半山之金鱼砂，到头之穴面唇裀俱全，脉路如宽牵线之软，左右砂如花瓣之相向，但割肋不忌者，不拘后龙穴山，数百中尝见一二，若透顶割脉之水，只犯半边不忌者，后龙数百中，亦尝见一二。在穴山前则少见（割肋穴山可犯透顶，割脉穴山不可犯），犯此者，如人少一眉一目，如花少一叶一瓣，必非本体，定有损伤，须仔细详审，不可以为当然而漫取之，割字之义尽矣。

合者，真地有两水合，假地亦有两水合（上有分而下有合者真，上无分而下有合者假），合固不可无水，亦不可全凭水之合也，只有两砂兜收为合，但真地有两砂兜也，假地亦有两砂兜收（穴后球檐分明，穴前圆唇托起，两砂兜收唇者为真，否则是假），合固不可无砂，亦不可全凭砂之合也（壁窝亦有两砂兜抱）。惟有圆唇兜收，乃可称为合之真。盖分合乃气之行止，非中圆背上（中圆即穴晕背上者，后有球檐之分如背之驼出也），两边拖下之分气，胡为而行，非中圆背下（晕前圆唇托起如背之驼出，故曰：背下），两角收上之合气，胡为而止，分如上弦之月魄，合如下弦之月魄，分如鼻旁之法令，合如口下之下额，分如脐上之胸肋，合如脐下之小腹，而月之心，腹之脐，面之人中，是分合之中，心为生气聚处，故穴旁隐砂，两角拖下而未收上，是气行而未止。两角收上而不拖下，是气止而不行。但圆唇之内，要平如掌心，而可生匝水（圆唇内平如掌心处，即是小明堂，可生匝水者，言晕旁周匝水聚于此也）。圆唇之边，要有弦菱方平有而不削水，设如龟背牛鼻，而水分水削，虽两角收上，亦非真合（如龟背牛鼻，则无如掌心之小明堂，脉何能止）。然有圆唇之合，而兜抱其唇之两砂，又不可少，不然，大界水扣割而来，谓之有唇无襟（无两砂兜抱其唇，则无合襟之水为割襟）。

所以论合者，当以圆唇之合为主，次及砂之合，水之合可也。但有水三合，一名三叉水（合者相交之义，叉字相交之形，三合，故曰：三叉），球檐之前，圆晕之旁有隐隐水痕，合于小明堂者，为一合水（即蟹眼水）。半山金鱼砂之肋下分小八字水，绕穴腮旁，而合于唇下，为二合水（即金鱼水又名虾须水，详后卷峦面篇）。山顶前蝉翼肋下，分大八字水绕金鱼砂外，合小八字水绕穴腮外，而共合于内明堂者，为三合水（即虾须水，故此论合水为主，故从球檐说到山顶，但前言山顶分水全化生脑蝉翼外，此言合水在山顶蝉翼肋下分来，虽立说不同，实则一。从砂背来，一从砂面出至下则合而为一，内外同流只此一重水耳，惟贴太痕影水自成分合，不与虾须二水联属，间附图自明）。三合水，虽无水长流，均有隐隐薄迹，龙虎兜收者，必有交襟之水，其合易见，龙虎绰开与无龙虎者，山麓一片坦平，又无交襟之沟，惟有明堂低处，可意会其合（低则水聚，即是合处）。本合水之起沟处，即是三分水流注之源，故有三分水，必有三合水，不必定明水交处，方为合也。其有明水交者，除本身有龙虎外（龙虎界深，故明有水），惟随龙大界水合于外明堂，然此水横局，合于左右逆局，合于背后顺局，合于穴前本身有余枝数里者，其水合于数里之外，不可以两水大合处，为正龙盖结也。

左图正龙腰结有馀枝，故两水大合数里外。

正体星辰分合水图

此山顶前化生腦

此半山突泡　此临穴毯簷

阳脉结穴图

下背簷毯

圓〇中

拖下　拖下

土　收

乳突穴分合水图

隨龍水來

隨龍水來

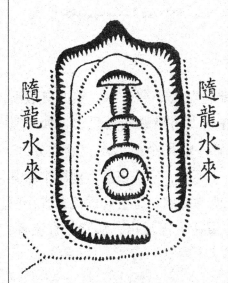

阴脉结穴图

下背唇破

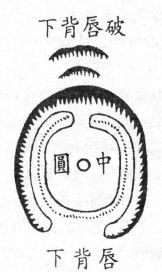

圓〇中

下背唇

中国传统术数总集　第一辑

上图第一分，从山顶蝉翼肋下分来，即虾须水。第二分，从半山金鱼砂肋下分，即金鱼水，亦名虾须水。第三分，从球檐下穴晕两旁分来，即蟹眼水。三分水，合于小明堂为一合水，二分水合于唇下为二合水，一分水合于龙虎内之内明堂，为三合水，随龙大界水，合于龙虎外之外明堂，此指正体开脚星辰穴山高大，地步甚广，脉路牵连长远者而言，若穴山低小，脊脉间断，本身不开口，穴

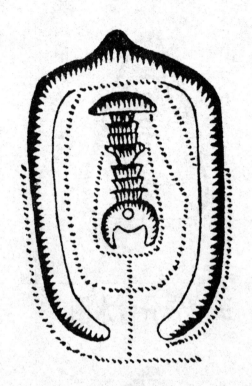

窝钳穴分合水图

结山顶曆处，与侧钳边钳穴法，惟有贴穴小分合水，然亦有股明股暗之不同，其第一二重分水，在后龙过脉跌断处见之，如开脚星辰龙虎有饶识而穴山地步无多者，虾须金鱼二水，或边分并，唇下亦不能定，有两重会二，盖山体不一，穴法多般，前图惟绘其规模，在智者善于窥测耳。至内外明堂之水，皆会合而流，惟小明堂水，本属微茫，雨过渗入土中，设遇大雨溢出，从唇上直流者，即是破唇。

横龙穴分合水图

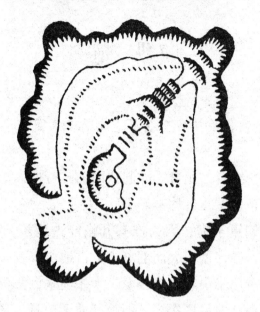

边窝穴分合水图

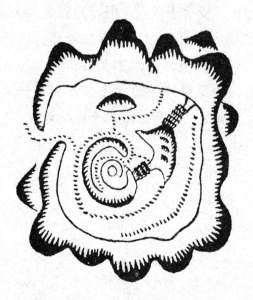

7 纵 横

（论开帐过峡，后卷各有端篇，此下二篇因为论占地步而言其大略）

何谓纵横？纵者，龙身委蛇起伏向前奔行也；横者，龙体开屏列帐，两旁分布也，二者均不可少。

然占地步偏重于横，因为惟有开帐能占地步，有盖开帐羽翼者为龙，无则为砂，盖帐大而羽翼多，占地步广者，为干龙。盖帐小而羽翼少，占地步小者，为枝龙。大帐前垂，两角包裹重重小帐于内最大，包裹开面星辰次之。但豁开而不包者，又其次也，一纵一横，为十字帐。借纵为横，为丁字帐，借横为纵为偏出帐。边多边小，为不均帐，其势张扬飞舞者，龙行未止，收敛回头者，龙行欲住，是大小行止，皆辨于横也。但行龙直来，而开横者无几，大都借纵为横，借横为纵者居多，况纵横互借，闪巧转身，层见叠出，地步始广，枝叶方茂，结作多而力量大，若直串而来旁分枝叶，纵横不借者，一龙只结一地（上言直来横开者，即十字穿心帐，惟大龙有之，此言直串而来者乃无帐枝龙）。

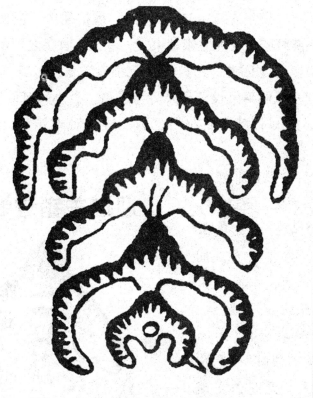

顺龙中出图

枝脚向前

8 收 放

何谓收放，收者，跌断过峡也。放者，放开枝脚也（大极收小，小极放大，阴阳变化，转换之理）。缠护迎送开帐，皆放中之事。龙之鹤膝蜂腰，支龙之银锭束气，皆放、收字之别名。蜂腰旁之蝉翼，银锭旁之阴砂，乃放中之至小者，盖不收则气散而不清健，不放则气孤而不生长，犹火筒与风箱，必小其窍而风力始健。又如草木必放开枝叶，而花果已成。故善观地步者，必于峡中观之。

李氏曰："跌断非峡"，谓以夹两山而无迎送之砂，虽跌断不为峡（行龙跌断多者，前途结作必真，虽跌断而不开面，中间无微高脊脉，此去必无融结，不惟不得为峡也）。谢氏曰："无关不成峡"。谓峡旁无水口，又无迎送交锁之砂，以关其峡水也。何潜斋曰："神仙地理无多诀，未用寻龙先看峡，峡中须有明堂，内峡外关堂气结，结得深时垣气真，

迎送关销过峡图

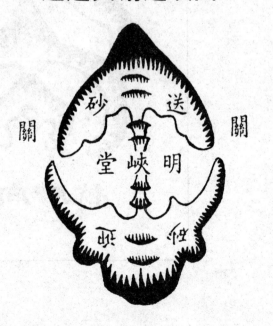

结得浅时垣气泄"。言峡有迎送关锁砂，而旁自有聚气明堂，方为好峡。结之浅深者，谓迎送关锁砂之多与少，密与疏也，观此则峡中地步可见矣。

9 偏　全

（此篇论垣局大小，下篇论龙来聚会申明占地步之意）

何谓偏全？两边皆大江大河夹送，而垣局水口，缠护盖托，皆本身自带者为全局，而地步广，一边大水，一边小水夹送，或两边俱小水夹送，而垣局水口，缠护盖托，半借外来凑拍而成者，为偏局，而地步狭，全局偏局之中，又各有大小数等，可推而知，夫缠护盖托，不假外来凑拍者，数百十之中，犹一二垣局水口，欲其不假外来凑拍者，非大干龙不能，故天下全局最少，偏局最多。

10 聚　散

何谓龙之聚散？

曰：龙身垣局明堂，俱有聚散，不但砂向水绕为聚，砂背水走为散也，龙身之聚散以讲论，龙之本也，如层云叠雾，合气连形，远大者千百里，近小者数十里，机亘绵延，或以五星，或以九星聚而不分，谓之聚讲（来龙至此旺气一聚，罗列山群峰，故曰：聚讲即太祖也）。即龙之聚讲复分枝劈脉，干从中出，枝向旁行，过峡穿帐，两边各起峰峦，或天弧天角，或旗鼓仓库，丛聚拱护，谓之行讲。来历既远，必有住处，如贵人登堂，僚佐属官，排列拱

揖。又如行人抵家，骨肉团聚，谓之坐讲，有此三购，其龙乃旺，不然，孤单无从，非散气而何，生购之处，即垣局之所，四面八方之龙，皆于此住，四面八方之水，皆于此会者，为大聚。一二面之龙于此住，一二面之水于此会者，为小聚。千百里之龙于此住，千百里之水于此会者，为大聚。数里数，十里之龙于此住，数里数十里之水于此会者，为小聚。

五星聚讲图

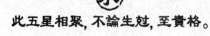

此五星相聚，不論生尅，至貴格。

不论龙之大聚小聚，终是大家所共用，还须各立门户，自成明堂，以为贴身真聚，方可为门户者，龙虎近案，水口下关也，要外背内面，相向有情。明堂者，穴前之小明堂，龙虎内外之内外明堂也（内明堂即中明堂，在龙虎内外明堂即大明堂，在龙虎外）。要不倾不侧，窝于容聚，蔡氏曰："大势之聚散见乎远，穴中之聚散见乎近"。二者有相须之道焉，故大聚之中，有数十龙并住，小聚之中，有数龙并住，均有门户明堂，亦皆成星开面。或嫡传反隐拙，支庶反魁梧，欲辨其孰轻孰重，须观其始分再抽之处（始分者，分龙出身也，再抽者，分龙之来再起高大星辰也）。护从岗阜向者多，而出于聚龙行龙之中干者为最贵，不然，虽居大聚之中，只得小聚之力，故善观地者，于始分再抽之处，已知其得水得局之概矣。

【附】以聚散定穴

　　气聚者吉，气散者凶。故立穴之法，当察其气之聚处扦之。然聚散有二：有大势之聚散，有穴场之聚散。必先审其大势之聚散，然后审穴场之聚散。所谓大势之聚散者，众山团聚，众水相汇，罗城周密，风气融结，补缺障空，不陷不跌。有此大聚之势，则当于此审受穴之山，观其来脉止于何所。脉止之所，有宛然窝窟，或垂乳，或开口，或吐唇，或为钳，或为泡，四山拥从，下手有力，此气之聚处也。必有界水分明，上有分，下有合，前有应，后有乐，是为真气融结。其明堂之水，自然来会，或湖潭，或池沼，或溪涧，或田源。若非溶注，定得特朝，是水亦从而聚矣。但真气聚处，明堂决不宽旷。明堂旷，局势大，又须穴前有内堂，或低田，或小水，或灵泉，或池湖注聚，方是真融聚。故曰："明堂容万马，亦忌旷而野。"必须有阴洲横关住内气，而元辰之水聚于明堂，外水或远潮，或横带，如此则明堂虽旷无妨也。又有穴星之散聚，尤宜细审。气脉聚于上，则穴宜高；气脉聚于下，则穴宜低；气脉聚于中，则穴宜居中；气脉聚于左，则穴宜归左；气脉聚于右，则穴亦挨右。此皆聚散定穴之妙也。

山洋指迷（卷二）

明　周景一先生　著

1 开面异同

请问：　五星九星，千变万化，岂一开面之乎，有没有开面亦有不同乎？

答曰：　星辰的形态虽变态多端，而真假只决定于开面，如贪狼、巨门、武曲、左辅、太阳、太阴、天财、紫炁、金星、水星等吉星，不开面则视为凶，破军、禄存、廉贞、文罡、燥火、孤曜、扫荡等凶星，开面则吉。盖因龙之吉凶不决定于星体，而决定于开面，况星辰之变，不可胜穷，惟开面自合穿落传变之吉格，不开面则成粗顽破碎之凶龙，但山之开面，有隐、显、横、偏，闪、蛮、深、浅、大、小、多、寡，特降、牵连、开肩、乳、突、窝、钳之不同，这些都明白了，虽有千变万化，无不了然矣。

【点拨】

廖公诀云：穴星又有八般病，有病何劳定，斩首折痕项下拖，碎脑石嵯峨，断肩有水穿膊出，剖腹胸长窟。折臂原来左右低，破面泪痕垂陷，足脚头窜入水，吐舌生尖嘴，此是星中大有亏，误用祸相随。穴面又有八般病，有病皆恶症，贯顶脉脑上抽坠，下脉过脚行绷面，脉横数条饱肚，脉飞几样受煞，脉带石来折斩断，脉坐下崩，吐煞脉长，死硬失序，脉不分明，莫言立穴太精详，凶吉此中藏，是皆不可不知者，故附于此。

2 隐面 显面

（此图为隐面降脉实景图）

隐面者，即正体星辰，分隐而脉亦隐，故谓隐面，以其得生体之正形，故曰：正体。如覆釜、钟、蜡、笔笏、列屏几之类是也。

显面者，即开脚星辰，分显而脉亦显，故谓显面，以其大小八字看落脉，井然有条，故曰：开脚。如人展臂，如同开翅，如菜叶之护苔是也。

二者虽隐显不同，龙的顶前俱要有化生脑，节包隐分显分，背后菱角八字不可边有边无，星辰不可边凸边陷，如上卷所论分、敛、仰、覆、向、背、合、割之宜忌则一。

中国传统术数总集 第一辑

但出脉时的正体星辰，最忌脉脊透顶，为贯顶界水，透面为破面开脚，星辰则有忌有不忌者，若山顶前化生脑，有蝉翼界水在蝉翼外分开，而不扣肋透顶之脉，如宽牵线者不忌，若无蝉翼界水扣肋透顶之脉，如急牵线者，即为贯顶破面，盖显面之脉，要如宽牵线软泛而下，有大剉大平方佳，或有显明突泡起伏者更妙，隐面之脉，要如泥中隐鳖，灰中牵线，顶前微剉剉，前微平平，前微凹隐隐跃跃，脉出隐八者之叉口，而隐八字之分心（即脉之中心），个对个而来者方真，若无剉平，而一条直下（承显面之脉言），或模糊饱硬者（承隐面之脉言），俱无融结正体星辰，除大八字显分外，但有肌理隐分，不必护带蝉翼，即是有亦在依稀之间（正体星辰落脉隐微，故但有肌理隐分），开脚星辰之赖有蝉翼护带，显然可见，即无护带必要蝉翼，此为异耳。

3 横　面

撞背直来，人所知也，然龙之转身最多，有方直行而脉忽横降者，背方横行而脉忽直降者，总为横面其大八字，即以来去横岗为之，不似撞背直来者，自分大八字，然亦要近身有大八字之梢垂下，对看不知其为横岗，而象大八字方真，起翼颧（大八字两肩如鸟翼分开，肩上突起如颧是也），而垂下长者为有力，大八字之外，又有护带豁开，而相向者为妙，护带多者更佳（大八字外护带，指来龙枝脚，说护带多者，可证龙力之旺），但来水边之护带，不患不相向，而患不豁开，一顺敛者非真（从来水边直生敛天无抱向之情），去水边之护带，不患不豁开，而患不相向，一顺背者即假（向去水边反背而去），蝉翼肌理之分亦然，横降处无大小护带者，乃大龙方行之际，非大聚之处，何能结地，若大龙将尽未尽，枝枝结果之处，虽无大小护带，得贴身有小八字之分，成分金之面，有𡷤有平而降（大龙方行山体粗老，横降处无大小护带必无真结，若龙身脱化已净，砂水聚会之间，但得小𡷤小平横降者，气脉已旺，故不必有大小护带），前途博出大八字之星辰者，亦能成地，但力不大（横面亦有隐显二体，当与"隐显面篇"参看。大龙将尽无大小护带横降者，须得后龙有大八字星辰，但系分结，故力不大。以上论降脉，以下论穴法）。

凡横龙结穴而有降脉者，不论有顶无顶凹脑均不忌，后宫仰瓦，气钟于前故也（气钟于前有脉降下结穴处，自有化生脑，故上面有无起顶与后宫仰瓦均不可论），惟无降脉，而贴脊横担结穴者，忌顶之无（十顶者为一担，贴脊者，扑于山脊前平处，因此无降脉故穴后均宜有顶），其凹脑全无落脉，背后不仰瓦者反假（元真子自天则财两头齐峙护托高穴在担凹取仰瓦者，《地理大全》云：横龙天财穴气盛，于前多宫仰瓦取两边生来孝顺鬼也，然须龙虎近案蟹眼唇毡俱全，后有鬼乐方真，若但如银锭束腰者是过脉之所何能融结），起顶平顶者（承上横龙无降脉者言平顶者如一字之平），驼背亦可，仰瓦亦可（横龙穴后有顶，无论驼背仰瓦均可行葬，须知真龙结穴更不可无所谓穴不起顶非真穴也），得背后有逆转之下砂，外背内面，如孝顺鬼者为一（横担贴脊驼背仰瓦虽可不论但鬼乐必不可少），盖横龙要四伏不牵（前后左右砂俱回头相顾而不他向也），背后之下砂不转，则尾摇而不定（下砂不转龙势尚行，故曰尾摇。撼龙经云：问君何似知我行，尾星摇动不曾停，是也），龙已住者则不拘此。纵龙势尚行，开面真者，亦不拘此，但不如背后砂逆转之力重（横龙穴背后下砂逆转者是正结不转者是虚结），其背后之乐托抽出一条，转面向里者，亦作鬼论（穴后另起之山有峰高峙为乐，低平而不抱左右者为抽，若乐抽之山生出一枝环抱之砂一指穴山言，本身亦是砂体也），今人见《雪心赋》忌后宫仰瓦，每将真地误弃，而后面之桡棹，竟作鬼论，故表出之，如横龙有降脉者，原不拘后乐有无，惟无降脉而横担作穴者，必须托乐之山（横担穴近于山脊后，无托乐不免孤寒），有等横龙降脉处，不惟无顶，反生凸潭如小窝近窝之背上，微牵一线之脉，隐隐从凸潭中出，落下一段，方起小突为化生脑，山下对看只见其脑，不见其凸，此化阳之极而生起此脑，下面结作必真，如误插上面窝处，即是伤龙（此论横龙有降脉之虚格）。

蔡氏曰：横担横截，无龙要葬有龙（《神宝经》曰：贴脊平头脉短，故当插入而龙亦此意也），此为无降脉，而贴脊结穴者言，若有数丈降脉，当与直插直奔者，一体裁制，慎勿提高关煞，其横担结穴者，亦要有化生脑（贴脊全无降脉，横担略有辈平，故宜

中国传统术数总集　第一辑

插于化生脑下畦，以脑为球檐者也），分开金面，有矬平，圆唇托起，不然，虽左右有情无益。

来水边护带豁开相向。去水边护带豁开相向。

来水边肌里刷分相向。去水边肌理刷分相向。

来水边护带敛入虽相向假。去水边护带反背即下砂不转。

不水边护带敛入虽相向假。去水边护带反背假。

来水边肌理敛入假。去水边肌理反背假。

后鬼无情反假。

背后下砂逆转。

4 偏 面

　　气脉对顶中出，人人之所喜爱，然龙之偏降最多，有偏至肩臂出脉者，有偏至掌后腕骨出脉者，有横来已起中顶，然后偏过一边肩臂出脉者，有尚未起顶先从肩臂出脉者，皆为偏面，其自中顶偏过左右出脉者，中顶不必分个字下来，即借中顶那边一股，配我这边一股为偏中个字之丿丶，只要贴身有蝉翼，或肌理刷开，分成金面于大八字之丿丶半边，而近中顶边之砂，豁向中顶边去者为真，若敛向出脉边来便假（偏面亦有"隐显"二字样当与"隐显"篇来看其偏出中出之轻重，后有篇）。

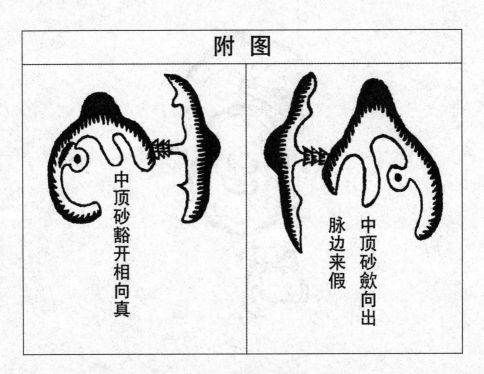

附 图

中顶砂豁开相向真

中顶砂敛向出
脉边来假

偏降之图

过中顶出脉

此砂豁向东

借中顶砂之丿配左边之乀

廿顶砂豁旺

中国传统术数总集　第一辑

5 闪　面

宋国师张子微言："真龙闪巧转身多，岂惟直串为可据。"言龙脉之闪也。

杨筠松曰："误葬每因求正面，不插浑是叶偏陂。"言穴之闪也。

盖因闪龙如瓜果不结于正藤正干之身，而结于子藤子枝之上，闪穴如瓜果不结于子藤嫩枝之正，而结于子藤嫩枝之旁，故山脊中出，而穴每旁插，山脊横飞，而气每直出，势远奔而腰间潜渡，形顾内而腕外偷踪，有顶而透漏于无顶之处，有脊而潜于无脊之坡，非故闪以示奇，亦势之不得不闪也，盖有脊硬处，不得不借脊为出煞之所，而别闪于软处，对顶处死，不得不以顶为分开之砂，而旁闪于生处，生气喜包藏，而山之尽处抛露，不得不接闪于中腰，生气喜止聚，而山之尽处陡泻，不得不抛闪于平地，腕内堂气倾侧，不得不走闪于腕外之聚处，正身不闪开面，不得不偏闪于旁枝之开面处，大抵闪脉之出，无正顶之起，无大八字之分，无脊脉之露，惟有隐隐分金之面，微微辁平，一呼一吸之动气，可细察而得（动气详"乳突窝钳篇"）。

然闪龙来处，地若无开面星辰叠出者，不真，闪穴止处，无唇脐堂砂证穴者必伪，以是交相验之，闪穴似不难知，但星辰与唇脐堂砂，无动气不灵。动气二字，虽似难明，试将分敛仰覆（此二篇为认脉穴真伪之要），与葬书乘金相水诸篇（《神宝经》曰：三合三分见穴上乘金之义，两片两翼察相水印木之情。按乘金者，乘球檐金面之中也，相水者，相水之分合也，穴土者，穴取坦缓真土也，印水者，不拘何星坐穴左右内肘必长曲直内抱，即贴穴护砂隐显不同，亦必曲直抱穴，曲直者，木也，印者，证也），细细揣摩（闪穴亦怪穴之类，然怪穴总不能逊于分敛仰覆唇脐堂砂之外，故教初学者细揣其认龙点穴之要诀），遍覆全国各地名墓以证之，自可豁然贯通，正者如是，闪者亦是矣（此篇宜与偏面参看）。

【点拨】：闪龙入首结穴。龙脉栖侧躲闪结穴。山势直去，而脉侧偷闪于侧以结穴。若撞脉取穴，则矣。吴景鸾说"只泥穿心直串去，不识真龙转身处。真龙闪巧转身多，岂惟直串为可据。俗师不识玄微诀，只向直穿寻正穴。寻到山穷脉尽时，不论有穴并无穴。惟以撞脉顶来龙，下了人贫与绝"。闪脉而融结的代表祝解元祖地。

祝解元祖地：地名暖川香潭岭，俗呼群雁度关形。其龙来势甚远，两水夹送约百余里。将至入局，翻身大转，逆奔而上，顿起贪狼峰一十余座，凌云高秀，迥然奇异。至将尽未尽之际，闪落一脉结穴，不见大局。左右曜气飞扬。对面观之，俨若龙虎不包。顾及登穴，则拱卫有情。少祖山下，发出一山，拜伏于前，以为近案。内局团聚，外阳暗拱，水绕青龙而缠玄武，门户交固。

群雁度关形

秀结明堂穴間俱不見

南溪水来

祝氏基

田

近案後亦祝氏吉地

祝仲阳下

大茅山

祝解元祖地

后乐龙楼宝殿，势贴青霄，真美地也。殊不知真龙多闪抛，而不在于直串之山势；好局多紧夹，而不在于宽大之明堂；好砂只拜伏，而不在于奇峰之重叠。此造化隐妙之秘也。祝氏葬后三纪，兄弟叔侄联登科第，人才叠出，福祉方隆。

中国传统术数总集 第一辑

6 蛮　面

（此篇论砂水分合处，当与首卷"合割篇"参看）

地之真假，只在开面与否，开面者粗蠢亦真，不开面者文秀亦假。其出人秀蠢，在后龙星辰论，不在穴山论也。谢觉斋曰：突金粗蠢号蛮脉，宜认虾须气与殊，但见节包并梗块，时师休要用心图，若是朗梳钳面出，随地脉路取功夫，此是天然真正穴，如能明得即无处。

又曰：蛮脉穴法最为难，认取虾须蟹眼安，单股水随缠绕下，三叉五渡要回环（水要文秀），太粗太蠢皆为假（不开面便粗蠢），股明股暗别一般，左右枕归流水取（界水明边甘穴），斯文留与子孙看。

盖因虾有六根须，四短两长，离开水时俱竖起，在水中则二长须豁转向后，如八字一样，其须尾略转抱身，试放活虾于清水盆中，自见长须抱转，以虾钳为须误也。今以虾须向上比喻穴山，虾尾垂下比作山坡，虾身比作穴脉，虾须比作山顶，前蝉翼与半山暗翼，肋下所分之痕影水，除球檐之分不论外，上面分一重暗翼，当有一重虾须（穴前有一重分砂，即有一重分水），若连球檐之分有三分，两入穴者，当有两重虾须水（山顶蝉翼半山金鱼砂临穴球檐，此砂之三分也，一重水在山顶蝉翼肋下分来，一重水在金鱼砂肋下分来，金鱼水又名虾须水，故曰：两重虾须），但入穴一重为最要（此从金鱼砂肋下分出，即球檐后之分水，穴之真假全在此，以上论分砂以证分水，以下论分水以证分砂）。

盖因为第一重虾须水，当在山顶化生脑之蝉翼肋下分出（注详首卷合割篇），要半山微突之暗翼逼开，使其如八字样，绕金鱼砂外而下，若顶上无蝉翼，半山无金鱼砂，界水必夹脉透头扣肋，一直而下，何能如虾须之分开，第二重虾须，当在半山暗翼之肋下分出，要球檐之胖腮逼开，使其八字样绕穴腮旁（穴腮即球檐之分砂），而合于内明堂，若半山无暗翼球檐，又无胖腮界水，必扣肋夹脉，割脚而下，又何能如虾须之分开，故虾须之有无，在暗翼穴腮之有无主之，半山暗翼所分之分，又名鱼腮水，盖暗翼之贴脉，如鱼腮之贴身，暗翼肋下之分水，如鱼腮之吐水也，然一矬之下，无还跣之平，则水不分，故两旁之暗翼，拉下而低垂，中间之脉路，一平而顿起，肋下方有折痕，如虾须之分去，若脉路无矬无平，与两旁之暗翼一齐拉下，肋下无有折痕，界水必四散流去，何能见其痕影之虾须，故虾须之有无，又在矬平之有无主之（以上虽论次后两重虾须，实论山顶与半山之来脉盖脉无分水不清也）

龙体平尽之还跣处，在山上步来，未曾另有高起，在下面与两旁看之，必高起一块，总名之曰：突泡，分而言之，微微铺出，如铺裀展褥之形者曰：气；如牛羊乳之垂者曰：乳；小巧圆净，如珠之流利者曰：珠；些些突泡，生于曲动处，如食指根曲转之皮者曰：转皮；横涌粗阔，分节而来者曰：节；如胞如肚者，曰：包；如木之条而长垂者曰：梗。一连数块而间断者，曰：埠。此出脉之八般名字。

珠乳气皮，隐微之脉也，节包梗块显露之脉也，非突金粗蠢山，八般皆是好脉，在突金粗蠢山，出珠乳气皮隐微之脉，是粗中细，结必真。出节包梗块显露之脉，是粗中粗。必无融结（龙粗脉粗即是纯阴不化），然果三分三矬三平而来复，有微分微平呼吸浮沉之动气者，虽突金粗蠢之山，出节包梗块之脉何妨（有此阴阳变化不妨脉之粗，以此节论来脉隐显不平），以上八者，在半山递脉，为突泡，在临穴之处，为球檐，球檐即蟹眼也，盖蟹眼者，球檐之别名，欲其圆净如蟹眼，不可破碎欹斜，欲其垂头突如蟹

中国传统术数总集 第一辑

眼，不可塌落不起，欲其柔嫩如蟹眼，不可不粗顽不变，欲其截断如蟹眼，不可阴脊仍吐，要人顾名思义，故以蟹眼名之。

杨公曰：中有蟹眼，的不可转。吴景鸾曰：落时蜗角转，任处蟹眼垂（蜗角临穴之阴砂，蟹眼垂者，球檐有垂头之势。），皆指球檐谓也，然不可秃光如蟹眼，须要有分金之面（详"乳突窝钳"篇，此节论球檐）又谓一滴蟹眼水者（一滴言其流之少也），以球前一矬作垂头之势，必有高低之坎，如檐之滴下，即所谓檐也，其分开两角不矬，而中心独矬，则檐下必有隐隐微平，分开痕影，水绕穴晕旁晕前，亦必有隐隐微匾，可坐匝水（坐者聚也，匝者周也，言穴晕旁周匝水球檐而下两边分垂聚晕前摄匾也），即所谓葬口也（檐下平处为葬口为穴晕，晕前微匾处，为小明堂，是小明堂在葬口内也），因为球檐名蟹眼，故球檐下匝水，亦名蟹眼水（一说球檐分金开面，一矬而脱出隐八字之两片，即是蝉翼内隐隐折痕水抱其蟹眼，故名蟹眼水），今人强为之分，以乳突长而脉狭，两边痕影水长者，为虾须，乳突短而脉润，两边痕影水短者为蟹眼，又以蟹是横行，左行则左眼明，右行则右眼明，水之股明股暗似之。

故曰：蟹眼水，然总是痕影水而已，不必多方辨说也（此节论蟹眼水），单股水随缠绕下者（一边股明痕影水界脉纡徐而下），言粗蠢山之痕影水，必股明股暗，故曰：单股三叉五度，要回环者，言三合水宜屈曲而去，不可合掌直牵，无虾须之分则为太粗太蠢，如有股明股暗之虾须，又不嫌其粗蠢，故曰：别一般点穴，当就界水明边，以生气在于薄处，故曰：左右枕归流水取（界水明边，势自微薄，为蛮面，山生动处水绕即是砂抱枕归流水者，亦傍砂点穴之意），朗梳钳面二句，言粗山不出乳珠气皮之脉，但齐分数股，如梳齿形而成钳穴，梳齿稀朗，似钳之处不少，当认其钳中有阳脉者为真穴，故曰：随他脉路取工夫（钳中阳脉，详乳突窝钳篇。注：谢氏二诗前一首论矬平突泡钳面以龙上分砂证脉。

后一首论单股，三又以脉上分水证穴，全篇统解二诗之意，但虾须蟹眼及来脉隐显，凡穴均须类推，不独蛮面也）。

广西吕相公祖地：此地在湖广大冶县西六十里，当地土名茅潭。其龙来脉甚远，不一一详述。到入局，来龙开大帐。帐中山脉，连起数峰，状如大小走马（诀云大马赶小马，富贵传天下。）又顿跌逶迤数里，穿峡作芦鞭囊。入首起太阴高金，穴结上聚。下铺余毡悠扬，当前真应水不洞不溢

广西吕相公祖地

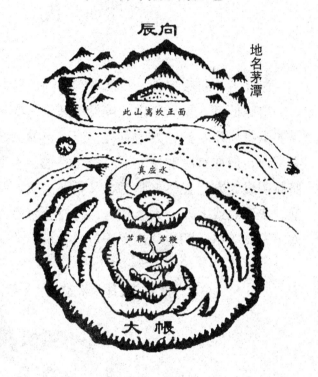

辰向

地名茅潭

此山离坎正面

水

真应水

芦鞭 芦鞭

大帐

为证。下关一山，如牛角弯抱有情。明堂湖水融注。前朝龙楼宝殿，贵人秀丽。但近案带石如兜鍪，故葬后当代即补戍广西。三代璋公发科，当官县令，以子贵赠少保。县令公子即文简公调阳，登庚戌榜眼，累官至少保兼太子太傅、吏部尚书、武英殿大学士。子兴周，庚辰进士，与诸公连登科甲，至今富贵方隆。

7 深面　浅面

深面者，脐腹出脉。浅面者，胸喉出脉。

出脉低者，星辰庄重，虽孤单高耸，亦不畏风。出脉高者，得需要本身肩翅重护，方为有势，肩翅单薄力轻，若无蝉翼贴身，脉必贯顶，但亦有脉喉颈之下，虽起小泡，不喜显露，但隐隐而下至脐腹阴囊，方出显然之脉者，又不妨高出，又有喉颈之下，连起突泡，或五六或七八，大小相等，均有分金之面，叠串而下，如串珠龙上天梯等格，两边肩翅齐护者，力最大，又不可以以面浅论之。

项羽祖串珠龙上天梯形

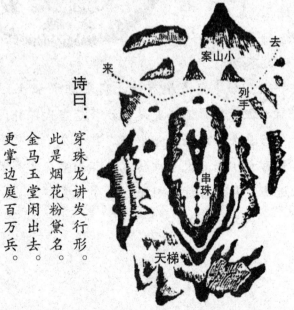

诗曰：

穿珠龙讲发行形。
此是烟花粉黛名。
金马玉堂闲出去。
更掌边庭百万兵。

来　案山小　去　列手　串珠　天梯

8 大面　小面

龙体面之大小，在大八字之大小，护带之有无多寡别之。

大八字豁开极远，护带数重，如大菜之多叶，千叶莲之多瓣面面相同。肩翅齐开者，为开极大面，前去必结大地。

大八字不甚豁开，仅有一二重护带，如小菜之不能多叶，单瓣花之不能多瓣，但开面端庄而出脉者，前去结中富贵地。

大八字短小而不开张，护带全无，一边止有单股蝉翼，一边有肌理刷开之面，而出脉者，前去亦结小康之地。此在分龙起祖处，定其优劣，已经博换之近祖，又当恕论小面者，有行度牵连之小面，有已经脱卸太山，而变小山之小面，行度牵连之小面，不但低小山头有之，高山之上，只微起微伏，不甚顿跌处亦有之，此等星辰，轻重不能自生，惟视其前后间出之大星辰，护带之有无多寡，辨其高下，已经脱卸之小面，当观其后龙合上格到头缠护多者为大地，后龙合下格到头缠护多者为小地，故面之大小，只以祖宗论，到头星辰，俱论开面与否，不拘面之大小，然在山谷分挂之龙，仍以开大面者为胜（分挂之龙，不开大面，则气势必弱）。

9 开面多寡

龙身虽长不开面者多，则力量有限，行至不开面处即止（此因为后龙不开面者多，故一行至不开面处，福力递止，若前后龙俱开面，中间偶有一节之疵，龙运至此亦衰，须行至开面处方兴福泽）。

龙身短，节节开面，发福不小，行至尽处而后已，然其长短只以分龙处为始。有等大龙行处，帐峡已多，脱卸极嫩，忽起高大星辰，雄踞一方，开出大面，分枝数节，使成大地，盖高穴星辰，旺气一聚，干龙虽行，而脉于此分落，共祖同宗，故分龙前去，不必长远，其力自大。

又有大龙行度未止，龙身忽嫩，虽不起高大星辰，即借大龙本身之盘旋，枝脚之辐辏，结成垣局大势，团聚于过龙身上，分开横面，挂落一枝，两边重岗叠之，皆外背内面，如千瓣莲之紧抱者，虽数丈之脉，结作未常。

又有干龙将结，省郡数皇，分落一枝，虽数节龙身亦成美地，然在垣局中分落为贵（与省郡同垣局也），若在局外分落，必自成垣局方可，不然，虽旁近省郡，力亦轻小，以上三者，不以龙短面少为限。

10 特降　牵连面

特降者，龙自高山跌落到低岭胸腹，甚至跌下平地，阴囊有节泡递生，大起大伏而来，牵连者但小起小伏，顶下不生，递脉节泡，或有节泡微微起伏而不多，或无锯齿笔架排来（笔架形与特降相似）。

牵连者，龙原宜开面，离祖之下不开面无妨，特降者，总须开面，行度之处，不开面便假出身处（分龙之处），最忌牵连，必须特降，行度处虽不能纯是特降，亦不可俱是牵连，特降牵连，相间而来，龙势方活，牵连多而特降少者次之，纯是牵连，虽非砂体，亦无力乎，岗龙以收放盘旋为势，不以此论。

11 开肩之面

星体有开一二肩，与三四肩者，有边有边无，边多边少者，或成横飞三台席帽笔架，五脑九脑六甲金水之帐，肩愈多愈佳，愈高愈贵，均停为上，不均次之，显明力重，模糊力轻，中顶尖耸者大贵，其肩要自我之大八字一统单开，每肩枝脚面面向我者真，每肩各分八字，枝脚散乱不向我者假，开肩与不开肩，力量稍去甚远，五脑七脑九脑六甲龙楼，其力最大，但撞背而中顶，出脉两边，开肩均停如十字样者最少，偏过左右一二顶开面出脉者居多，只要自内分开，面面相向，不拘直来横来，惟三台格后龙撞背而

中国传统术数总集 第一辑

来，中顶开面出脉者有之，其余罕见。

六甲龙楼，六个肩臂也，三层只作一层，星辰如三层楼然，中尖者，为楼中贵人，递下三台五脑九脑，俱自内分开面，面面相向，穴结中腰，极贵之地。自中顶之大八字一统罩开，枝脚面面相向者方真，余枝之假三台，以旁顶各分八字，非中顶之大八字，一统罩开假，五脑势趋左角，故对结小地中出者，无个字，左砂反背假。

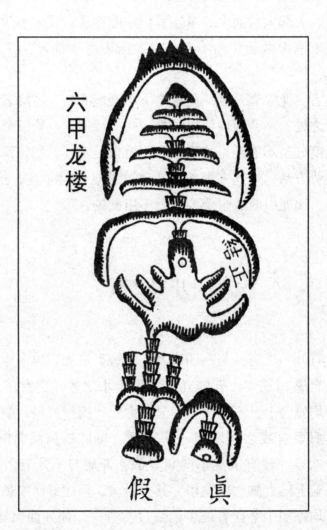

六甲龙楼

正洋

假　真

12 乳突窝钳面

长者为乳，圆者为突。

出于分隐脉隐之面中，如龟鳖戴泥之状者，名隐乳隐突，出于分显脉显面之中，如垂鼻覆拳之形者，名显乳显突。隐者气嫩，只要在个字分金之面中，有矬平而来虽不再有脱卸，即可以嫩乳突，为入穴之球檐。显者气老，虽在个字分金之面中有矬平而降，必须再有脱，另起贴身微泡，方可为入穴之球檐，夫球檐者，非比来脉上高起一块即谓之球檐也（以下论球）。

以球后分开之蝉翼无一矬之峻，作伏落之势，便无还跷之平，作泛起之形，是以两边拉下而低垂（球后无矬平便不分蝉翼），惟中行之脉路，有一矬之峻，作伏落之形于平后，故有还跷之平，作泛起之形于矬前，是以中心顿起而有突，若无蝉翼低护于球旁，无矬平于球后虽有突泡之起，亦非真球（突泡无蝉翼非球，有蝉翼方得穴腮圆胖）。盖球旁有蝉翼之分，球后有矬平之脉，方有痕影之虾须水，在蝉翼外分出，而合抱其圆唇脉始清，而活气始动而止也（半山有突泡，又有球旁分出蝉翼之背，逼开痕影，虾须水方见来脉之清，再看其分出之水合抱圆唇背，更见真气之止），一字有一义，两义合一物也。

曰：其矬前平尽之处，有突起之顶言之，谓之突，自其顶分开之下，有矬落之堪言之，谓之檐，无球则生气不聚，无檐则葬口不开，但球之突起处，脉犹未止也，煞犹未化也，直待前有分开之微口，矬落之峻坎，如帽檐之圆，如屋檐之滴，方脉止而气吐，阴化而为阳，二者有相须之道，故合而称之为球檐，古人谓无宀（音绵）不成穴，以丶（音主）如球，一（音觅）如檐，其突起也，如淋开低开之谷堆，其开口也，如咬去一块之馒头，又谓之孩儿头者，以球不可饱硬，欲其有微分之隐八字，微𥉥之平，有如孩儿之囟门在顶前，微有处檐之微乎上气，方不死而动（球有囟门微有方是孩儿）。谭氏曰：球檐之下，略生窝葬口，原来正是他，此是天然真正穴，就中倒仗岂差讹。

又曰：到穴星辰梗块全，球檐相似穴天然，肥圆开口宜融结，葬口原来在面前，今人误认檐在穴前，好破球而葬，盖未见此也（以上论乳突，以下论窝钳）。

若窝钳穴，顶上分开两股雌雄砂（即左右明砂），裹定人中水于当中，俨如界水之槽，无脊脉球檐可见，无分合界水可凭，与乳突回别（此指深大窝钳形，俯穴低者言。盖此等形体两边砂高中脉低平，俨如界水而无显然分合，但有微微𥉥平隐微分下所谓阳疚是也），然则无脉无球而可穴乎，曰：脉有阴阳不同，阴脉在突上行，如人手臂之脉，阳脉在凹中行，如人手心之脉，虽有有脊无脊之殊，其呼吸浮沉之动气，则一也，乳突无呼吸浮沉之动气，则亦无脉，窝钳有呼吸浮沉之动气，则亦有脉（动气即是隐微之脉，因为论窝钳兼言乳突，亦有微𥉥微平这脉也），盖脉之有无，在动与不动，不在脊之有无也，然则何以见其动乎，曰：亦在微𥉥微分、微有微平之间见之，微𥉥微分之下有微微之现，是气之呼而沉，微有微平之分，有微微之起，是气之吸而浮，则微𥉥微平，微有微起，递递而来者，皆呼吸浮沉之气使然，脉随气行，气到而脉随之矣，但窝钳中之微起，非果有一块高过两边也（中脉微起，脉之两边微低，旁边微高，与中间脉路相等），因为两边分去之纹理，俱无𥉥无平，不见其有，亦不见其起，中间一路，独有隐隐之分心，而𥉥平俱有，则𥉥处见其有，平处见其起（后有微𥉥，前有微半平之尽处，自然是起），但非如乳突之起，有分水之脊也，盖乳突是阳开裹阴，雌雄外结，故界水分开两边，窝钳是阴开裹阳，雌雄内结，故界水不分两边（乳突为阴包砂，为阳，阴内阳外，故曰：阳开裹阴，窝钳为阳包砂，为阴。阴外阳内，故曰：阴开裹阳）。

外结者，乳突之穴，本身不开口，界水从穴后显然分来，合于唇下，雌雄砂远起也，内结者窝钳之穴，本身开口界水，从穴后恐隐分来团聚口内，雌雄砂近泡也），界水不分，中有水矣奈何，曰：水有阳会阴流之不同，窝钳中肌理分开，舒坦有肉者，水必铺开而无沟，谓之阳会水，若肌理敛入，逼陷无肉者，水必成沟而直下，谓之阴流水。谢觉齐曰：欲识太阳金水穴（太阳穴法详四卷，龙体穴形篇），又无珠乳难分别，水来破面聚人中，水若行时脉不歇，歇时须要到三叉，气止水交方是结，淋头割脚要参详，推枕球檐寻活脉，是指阳会水言也（太阳开口阔大具金水之体，落脉无珠，乳突泡宛似水痕破面聚人中者，即上文所谓如界水之槽是也，水交则脉行，水合则脉止，三叉者，三个水交合之处，若以此水交合气脉尚行，插葬其间，不免淋头割脚，故点穴必枕球檐，此申明深大窝钳中有阳脉穴炎脐结而言）。

杨公曰：钳穴如钗挂壁隈，最危顶上有水来，钗头不圆多破碎，水倾穴内必生灾。是指阴流水言也（此以浅小窝钳结穴高处者言，钗头是星面顶头破碎水必淋头而下），故窝钳不忌阳会水，只忌阴流水（阳会水有分有脉，阴流水无分无脉），然水虽阳会，终无分水之脊，何能使穴中无水乎？曰：有隐隐之分势，水从隐隐之分势而分去，有隐隐之矬平，水从矬平之两边分开，不从矬平之中间一直流下，故不成沟而名阳会水，雨渗人上，亦随分开之纹理，两边斜斜渗去，故圹中自无水淋，是以窝钳之穴，形俯而穴低者，穴后有数丈高，庸眼视之，似为界水，而实无水淋也，然无垂头之势，唇气之吐，弦菱之伶俐者，中间必无动脉，而有水淋，故此三者，又为看窝钳之先务，有此三者，然后可以能看动脉，然后可以察球檐，但窝钳之球檐，不能如乳突之显然突起，只可观其水平脐结处为穴，脐结者，其上必有一煞之坎，如檐之滴，一煞之上，必有一平之尽，如球之起，则窝钳之球檐，亦即是动脉之煞平尽处也（有煞平方有球檐，有球檐方有真脉），故既曰：无珠乳难分别。又曰：推枕球檐寻活脉，正欲人于低穴之中，察其呼吸之动气耳，形仰者（浅小窝钳），去顶不远，即有平脐，立穴犹易，形俯者（深大窝钳），去顶数丈，方有平脐，立穴甚难，须遵水若行时脉不歇之语，插于水平脐结之处为宜（脐结者上面微平有隐隐分水，下面水痕交合也，窝钳大小结穴皆然），若阴脉结穴，亦宜合眠干就湿之法（眠干者，上枕球檐，就湿者，下线合水），如凑急而插（插球之前后与破球凑檐俱是），则伤龙斗煞耳（以上概论窝钳阳脉，并言窝钳阴脉，结穴亦宜眠干就湿，总是上有分而下有合之意，以下分论窝钳形体耳）。

两掬圆抱如笸箕金盘之形者，曰：窝。两臂直垂如金钗火钳之形者，曰：钳。窝有大小深浅之不同，钳有长短曲直之不一，有撞背而开者，有横过而开者，有勾转而开者（一是直来直结，一横来正结，一是勾转逆结），俱要顶头圆净，有分金之面（顶不圆净，水必破面），内观外观，其微砂显砂俱有外背内面之真情，抱向者方有弦菱生气（此承窝钳言），但窝无圆唇不成，钳得乎脐便结（窝圆宽展必须水合唇下，钳直不能宽展，故得平脐一结。上文概论窝钳得平脐结穴，此处分言窝宜圆唇，钳宜平脐者，须知窝有圆唇上面自有球檐，后水分唇前水合是水平脐结之显然者，钳得脐上有分水即球檐之微分，下有合水即圆唇之隐合圆。窝钳形体互异，故结穴稍有不同，其贴身分合证穴则一也，以下论窝钳所忌异同）。

界水成沟破顶（破顶则无金之固），窝钳并忌，界水唇下成沟，窝忌而钳不忌（窝体坦圆，虽雄砂短唇下窝平容聚方有会合干流，钳形直垂，雌雄砂长，两砂颂抱转取水脐结处，更得贴身分合，故唇下成沟不忌，以下论穴法）。

微微窝钳，承胎而葬（小窝钳宜插顶。占人以球为胎，承胎者，因为球檐不甚显明开口，又小唇气短缩者，于顶前微压处，如合谷穴是也），金盘之窝穴必居中（金盘四面皆弦菱，插正中微突处），侧钳挨食指根之转皮（穴飞钳脉），合钳插两钳尽处之胖肉（即玉筋夹钱头之穴法），开钳（即是分钳），看后倚前亲之势（看四面定穴），边钳观股明股暗之情（穴居伏水明边），此皆易晓，惟大窝、深窝、长钳、直钳之形，俯者穴低有中阳脉呼吸浮沉之动气，为最难认也（阳脉甚微，高低之形若有若无，难以体认），故致详论于此（篇中详论窝钳，详言形俯穴宜低，认阳脉穴法，盖言其所至一者，篇终复又指出其叮咛之意深矣，阅之者最宜着眼勿忽）。

附论：乳突窝钳，虽形体不同，而阴阳变化葬法则一，但乳突无窝钳不真，窝钳无乳突必伪，盖乳突阴也，球旁蝉翼分明开，抱其穴晕，此即隐隐窝钳，阴化为阳也。窝钳阳也，穴后球檐突起，证其穴情，此即微微乳尖，阳化而为阴也，所以乳突之显者，不可无隐隐窝钳，窝钳之显者，不可无微

附长钳脐结图

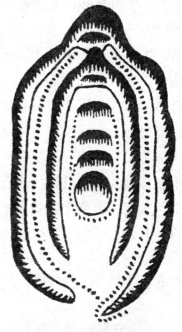

阳脉结穴图，已见首卷合割篇，后复附长钳脐图，以明水平脐结之穴法。

微乳突，而微乳嫩突，亦必有隐隐窝䈬之穴晕，浅窝短钳，亦必有微微乳突之毡檐，以见阴阳交互，而成太极，《内照经》所谓：上有天轮影，下有土阶，中成太极晕是也。天轮影者，球檐肌理分开金面，如天之圆；土阶者，唇毡托起，如地之厚；两旁痕影水分垂太极晕平垣丰隆，含太和之气，包乎其中，如男女媾精，胚胎初结，生生不息，而三才始备，故穴法多端，不外乳突窝钳，而四周结穴，总以球檐唇毡为证，盖有球檐，水方能分，有唇毡水方能合，平洋分合篇，所谓真分合者，亦指贴穴分合水言也，若天轮影边高边低，金面不正，似玉阶而边凹边凸，或偏斜倾泻者，即是分不成分，合不成合，其中何能有太极晕，此惟智者明以辨之，更合牵乳插窝，避突就钳，或有窝而葬乳，有钳而葬突，皆为窝钳，无微微乳突，乳突无隐隐窝䈬，孤阳不生，前阴不化，球檐唇毡，不真故耳。

【点拨】

《内照经》以球檐为穴星，必合四个星辰方真，曰：紫微，形如隐眉。曰：太乙，形如鸡距。曰：旺龙，形如覆釜。曰：木星，形如玉尺。有显然或形者，有隐然出面，痕影小水界成形者，以见球檐形体不一故附录于此。

微紫　　　乙太　　　龙旺　　　星木

【附】穴形总论

夫穴之形体，变态万状，不一而足。寔则不过阴阳两字，曰阴来阳受，阳来阴受而已。其为形则凹凸是也。阴中有阳，阳中有阴，故有太阳、少阳，有太阴、少阴。其为形则窝、钳、乳、突是也。各得生气，其形始真。故一言以蔽之，曰"葬乘生气"。盖生气者，太极也。凹凸者，两仪也。窝、钳、乳、突者，四象也。太极两仪，两仪四象，寔古今之正传，穴法之定论也。夫何各立机轴，支离其说，而有三十六形、八十一变、三百六十五体、三百八十九像？种种多门，不胜蕃衍，使易简之理，反为分析隐晦。是皆欲以形尽山势，而不知山势变态不常，咫尺转移顿异，只可以理会，不可以形拘。

《玄机论》云："论星则胸中有主，喝像使众人皆知。"是形像不过为众人设耳。若曰山必合某形，穴当安某处，以某物为应案，乃刻舟求剑，胶柱鼓瑟，非达理之论也。余氏云："寻龙点穴，不过阴阳动静，足以尽其微妙。间有龙穴融结，偶合物形，因以名之可也。若野俗之书，专以人物取像地形而较美恶，则失之远矣。"诚为确论。且物类有古方今圆，古长今短，古贵今贱，古有今无之不同，岂可以拟一定之山形哉！范越凤及刘公谦皆尝鄙诮之，谓如虎形，既虎能伤人，又安可葬？肉堆案亦尝食之否乎？其论不为无理。况物类形像相似者，尤难辨别，又乌得无指鹿为马、认乌为鸾者乎？愚故曰：山川只可以理会，不可以形拘。

《葬书》谓"在天成象，在地成形"，亦只指五星之形言之，非言山形与百物类也。今故屏去百物形象之说，不使眩惑心目。惟以杨筠松穴形四格，窝、钳、乳、突以论形，则庶几守约尽博，而易简之理得矣。"葬乘生气"之真机，又岂有余蕴哉！穴形诸图解见下。

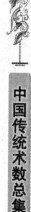

窝穴代表

德兴余氏祖地： 下地在吾邑南门外五里，地名长塘。其龙与县龙分脉后，起五星聚讲，入局开五脑梅花账，磊落数节，大断穿田，起串珠金四座。又大断走弄，三星结金星开口，成深窝穴格。窝既深，却中垂微乳，穴安乳头，赖公所下，取曰草蛇吐舌形。艮龙，扦癸山丁向。葬后，余氏连登科甲，富贵双全，迄今未艾。

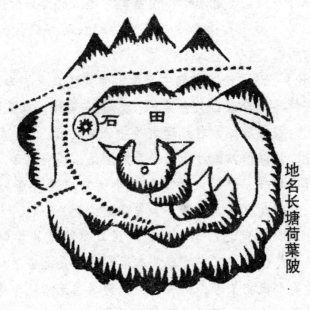

草蛇吐舌形　出进士七人
艮龙癸山丁向

地名长塘荷叶陂

德兴余氏祖地

按： 深窝格，窝既深，必有微乳，乃阳中又有阴，方有融结。否则，纯阳无化气，不能结穴，谓之空窝，葬之主绝人丁。但此等微乳，非哲师莫能辨。此地若以山势星辰取形，全不类蛇。赖公乃命形曰"草蛇吐舌"，盖全以穴情取之，其旨微矣妙矣。哲师之重穴如此，孰谓赖氏专于天星而不论形穴哉！

以上开窝穴格，即廖金精开口穴也。姑附此数图，以见其概。夫窝穴为穴法第一格，惟要大小深浅适得其宜，不可太小，不可太大，不可太深，不可太浅。大窝、深窝又须窝内有微乳微突，方有化气。其小窝、浅窝，切有弦棱明白，两掬弯抱，窝中平坦天然，此为融结得真。如太小浅，恐开窝不明，又非真结。务宜细察，不可潦草，慎之！慎之！

钳穴代表

承天商尚书祖地： 右地在承天府北四十里，地名老人仓。龙远不述。入局平岗开帐过峡，牵连如浪涌，摆折活动。入首成太阴金星，开两钳结穴。顶圆而钳脚直夹，细嫩妩媚。穴下平坦如掌心，四势和平。葬后第四代出端愍公，大节登进士，官至兵部左侍郎，赠尚书。今世宦未艾。

凡钳穴，各有二体。一是钳中微有乳，一是钳中惟有窝。其钳之曲直长短等格，又各有左右转金、转火、转水、转木、转土，及一脚转金，一脚转木，一脚转水，一脚转火，一脚转土，凡二十五格，及带曜穴格，各与前窝穴相类。

直钳穴格
外面太湖，登穴不见。

承天商尚书祖地

入首亥龙，壬山丙向
有案无朝，内聚外宽

乳穴代表

万山下余氏三郡侯祖地： 下地在银邑治南五里，土名桐木坞。其龙来远不述。比入局，开大帐，帐顶起三台，落脉磊落，如群羊出栈奔跃，数峰可爱。入首复大断过脉，转身顿起星辰结穴。中垂

中国传统术数总集　第一辑

长乳，旁开两肩，穴安乳头，不急不饱。前吐余毡，右拖曜气。近案一山，紧关内气，逆收大河。前朝马上贵人，端拱有情。内堂紧夹，外洋开畅。赖布衣记曰："桐木坞中扦甲向，三代郡侯家富旺。"余氏葬后，果出三郡守，曰述先者，其一也。皆守磁州，富盛未艾。

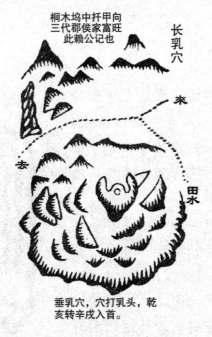

万山下余氏三郡侯祖地

乳形常见六格：长乳、短乳、大乳、小乳。此四者正格，双垂乳、三垂乳。

突穴代表

江山赵都祖地：下地在江山县南六十里，土名石门龟山。其龙发自江郎山，落脉下平田，过阔阪一里许，复束聚结咽，成芦鞭格，作银锭束脉，顿起大突，成太阴金星，连气结突穴。突上微开钳口，俗呼龟形，系巽、巳、丙龙入首，扦亥向兼壬。葬后出方泉公锴，登嘉靖丁未进士，入翰林，官至都御史。至今人才迭出，福祉未艾。

平地大突格

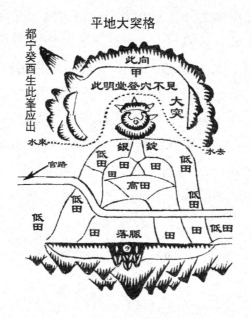

江山赵都祖地

丰城沙湖丁氏祖地：地在丰城县东半里，土名白沙墩。其龙结县后，余气崩洪过脉，复起平田，铺毡展席，马迹蛛丝。忽起平中一突，平面太阴开口，成天然之窝。但后龙穿凿，失其本体，不易譬认。丁氏葬后，科甲迭登。曰维城，官御史。维南，官寺丞。维阳，官主政。曰俊、曰仕、曰玑、曰璨、曰侃，俱贵。曰璐，官大参。曰錬，官少卿，富贵未艾。

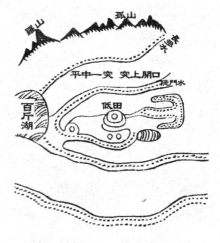

丰城沙湖丁氏祖地

已上窝、钳、乳、突，穴形妙用，无踰于此。但造化之机，隐

中国传统术数总集 第一辑

显不一。显则易明，隐则难辨。立诸形格，乃其显体，按图索理，人犹可知。至于正体之外，复有异形，曰边窝、并窝，曰分钳、合钳，曰闪乳、侧乳，曰鹘突、并突，及有窝钳而不葬窝钳，有突乳而不葬突乳数者，又其怪体，隐微难辨。苟非明师传示，歴审古格，骤而见之，必骇而疑。正所谓"任君聪慧过颜闵，不遇真师莫强猜"者也。此等异穴，形体虽有不同，力量本无二致。但至贵之龙，方有此穴。必得真师传授，始识此格。如或未契肯綮，自任聪明，妄指平坡死块为边并之窝，欹斜山脚为闪侧之乳，界水漏槽为分合之钳，阔荡顽硬为鹘并之突，籍口怪异，胡作乱为，是犹学步邯郸，而为害愈甚矣。慎之慎之！

13 石 山

（以下诸篇，旧在三卷之末，因为其亦论开面列于乳突窝钳之次）

土乃山之肉，石乃山之骨，观人骨中有气，则石中有气可知，故气一亦宜开面石八字，层层分开，有毬有平，穴情真的，或石隙土穴，或两旁硬石，中间嫩石可锄（嫩石不但可锄，更须入水即化，无细砂闲襟者，谓之结土结者实也），或面层是石下有嫩土（即天盖穴），或圆唇是石，而不欹斜者，其福力惟视开面之大小多寡，地步之广狭为转移，不因为石而有煞，或反得石而清贵，或得石曜而兼兵权者有之，惟穴后无石八字而石纹直生敛入，无毬无平，脉无动气，或饱硬巉岩，不开金面（无分金之面），不但穴中有直生尖射之石为煞，即石中土穴亦有煞，而不可插也。

【点拨】

《葬书》云：地有吉气，土随而起，是验真气于土也。又云：山势原骨，是验真气于石也。盖山体属金，金气旺盛则生石，其因为气而行，截气而止，形迹较土更显，力量较土倍重，石之行也，头向前者为奔势，脚向前者为降势，两边八壁立分开，是大分势，微微露起如八字，是小分势，石脉一线委蛇曲折，出于大分小分之中，或大小相间，高低起伏，或如梯级，或如褥裥，或如波浪而来者，皆气之行也，两边平坦，中间微高，如束咽者，是气之入首也，然石势雄急，非顿立开面，势不能止，其止也如壁之立，为正开面，挺立而头俯为垂头开面，有石球开面，而檐是土者，有土球突起，而檐是石者，或开面之下，更有石脉铺出，分解开钳，中含真土，或落下不出石脉，有真土隆起，均宜认脉索气而插，切忌开煞，但顿立之面，高者数丈，低者四五尺，两旁之石，亦必开面向我者为真，如开面而破碎攲斜，或一边敛入，或一边向外，或一直生下，无论大小高低皆假，其有两边开面，一面向正龙，一面自去结穴者，总是护砂。又有满山之石，皆向一边开面者，是他山之朝应，有似开面而岩穴空阔者，是缩气之山脚，或以壁立而零星间土，与驼出而肥满者，是山之后背，此皆开面之假也。若老山之石，滑而浑大，嫩山之石，阔而多纹，在山背其纹直，在山肋其纹斜，在山顶其铭锐，在开面其纹横，石钳生于窝钳，石井开生于乳突，选砂形如八，顾穴势必弯环，故捍门、华表、北辰、罗星诸体，半是石山，更有开横于溪河，为铁门金锁，其内定有天地，盖旺气自祖山发足，融结真穴，于大龙将尽未尽之间，气复有余，包罗在外，近则见于下砂，远则见于水石，然石山结穴虽凭石之开面，仍以得土为真，而石纹裹转，与石山内顾，皆不可不察也。

中国传统术数总集 第一辑

14 峻　山

　　峻山有坐、卧、立、三体，星辰不开面，无动气者皆凶。开面
而有动气者俱吉。

　　非坦缓便吉，陡峻即凶也。赖太素挂钟形，凿壁而葬，杨筠松
说，壁上挂灯贴壁而插，此皆先哲之垂范。今峻山高穴，发福者处
处有之，只要星辰开面，大八字有菱角，脉路有隐分之矬平，或数
次，或十余次，或略有显分，仍有隐隐矬平在其中者更妙。分处是
开阳献面，平处是束阴吐脉，矬下有微微之脉，即是气之呼而沉，
平尽有微微之起即是气之吸而浮，有此阴阳变化，呼吸浮沉之动
气，任千般怪穴，皆可插葬，况端正开面之峻山乎。但峻山之穴，
无微窝则气不蓄，无近楚则气不收，二者均不可少。

15 独　山

　　经曰："气以龙会，而独山不可葬也"。此惟为山谷之单山，独耸圹野间之闲散孤山，不开面而无动气者言之。若真龙行于平地，忽然突起一山，开面而有动气者，即无阴砂缠护必有裙拦兜收（即唇毡兜起）。或以水绕当山缠，或以远山为城郭。不但开脚星辰，有龙虎护卫者可插。即正体星辰，无龙虎护卫，但得球檐蝉翼，或虮髯砂蔽棺（虮髯贴穴两边之护砂），亦可埋葬，福力视后龙之轻重，得水之多寡而推，不因为山独而减也。

　　（注：独山寻穴，必须要开面兜收。此图为平地独山开阳献面降隐脉，可寻穴。）

16 高　山

　　高山穴，如金斗形之梁上穴，插剑形之配上穴，照天腊烛之炎上穴，仙人大座形之囪门膝头穴是也，其龙虎缠护，水口近案，不如低穴之可以外借。俱要本身自具真面向里，下虽高峻到穴，如登平地拜坛，兜衿之外，犹有余地平铺，不待填砌者方可，或无生成之平，或虽有平而龙虎缠护，水曰近案，非本身所生，或虽本生身成，而无真面顾内，或虽真面顾内，而本身不开面，无动气者俱假。也即地本身有开面动气，而后龙不脱卸无缠护者，僧道之地。虽有脱卸缠护，而无台屏帐峡叠出者，丁财之地。虽有台屏帐峡，而一出龙虎之外，只有本山独高，余山皆低者，仙佛之地。惟台屏帐峡俱备，侍从缠护齐高，方为富贵之地。其力量大小，亦在龙格轻重地步广狭推之。但高穴收山不收水，取天清之气居多，峰峦不秀不成，大抵贵多而富少，名高而望重。

17 偶有开面

问： **有一节开面，便可言地乎？**

答曰： 必分龙入首入穴，俱开面者方真。若分龙开面，而行度
山顶，及入首入穴处，半山与球檐俱不开面者假。惟到
头穴山出脉之化生脑，递脉之突泡，临穴之球檐，俱开
分金之面，有矬平呼吸浮沉之动脉者，必能结地，大小
久暂，当看后龙。

18 泛头不开面

问： **山体开面者，有不开面者，混于中，奈何？**

答曰： 不开面为泛顶，惟分龙入首入穴处忌之。见于行度处，
当视其多寡，泛顶少而开面多者，定是真龙，泛顶多而
开面少者，得分龙入首入穴开面，犹不失为小地。分龙
入首入穴，俱不开面，才是砂体。

山洋指迷（卷三）

明　周景一先生　著

1 太　祖

　　经云："只要源头来得好，起家须是好公婆"。故论祖宗者，必以出身之太祖始，大干龙，太祖在数千里之远，特起名山跨州连郡，高大插天，万派之山，皆祖于此，所谓权星是也（权星，大抵多是土金之体，盖惟土金方能绵直，若水木火星体，流动卓立，而分形多作近祖）。

　　凡一省一郡，各有权星，仙佛王侯卿相之地，必本于此。小干龙太祖在数百里之远，亦必特达高压众山，或成龙楼宝鸾、琼阁诸形。所谓尊星是也。正干正结之地，必本于此。枝龙太祖，即大干龙之分枝，亦有远至数百里数十里者，贵分台屏帐盖。其次大面星辰，再次小面星体。所谓雄星是也。太祖虽远近不同，均须开极大之势。大八字、大护带亦多行度处，辞楼不作降势，或但有牵连之形，两边护从冈阜少者，为旁龙贱格（此在太祖分龙处辨其优劣）。缪仲淳曰："山分八面，出各有枝，势之所向，其结必多"。又曰："众皆趋跄，我独张扬"。皆辨贵贱正旁之捷诀。盖出身处关系最紧，前途虽远，莫不预定于斯。管氏曰："远夺天地踪迹，已形于此"，出脉正指此也（此篇因为太祖而兼及分龙）。

【点拨】

唐卜则巍曰："祖宗耸拔者，子孙必贵。"子孙在这里指穴而言。皆谓有特异祖龙，必结富贵美地。故寻龙必先观祖宗山。即以其远者而命名，有所谓太祖山，也曰始祖山，以其去受穴处甚远，如人之有始祖远宗也。既能认太祖山，次以审龙其出身行度，及父母胎息，以至受穴之山，皆出于此也。

《憾龙经》说："须猕山是天地骨，中镇天地为巨物。
如人背脊与项梁。生出四肢龙突兀。
四肢分出四世界，南北西东为四派。
西北峥嵘数万程，东入三帏为杳冥。
惟有南龙入中国，胎宗孕祖来奇特。
黄河九曲为大肠，川江屈曲为膀胱。
分枝劈脉纵横去，气血钩连逢水住。
大为都邑帝王州，小为郡县居公侯。
其次偏方小镇市，亦有富贵居其地。
次讲了天下龙脉的发源地，也为龙脉的祖宗也。"

2 分 龙

分龙即出身处（分龙者，太祖山之出脉，前去龙身自此分出也），杨公谓之源派，定祖宗，穷本源，察长短，辨真假，审力量，莫不于分龙处观之（分龙与分枝不同，分枝者，从大小干分出也）。

未分龙以前，虽有高峰大岳，乃众山之祖，本山太祖，必以分龙处为是，故以之定祖宗。

未分龙以前，虽有千溪万壑，乃众水之流，本山水源，必以出身处旁分两水，夹送龙身，渐以成大会于局内，与外明堂者为是，故以之穷水源。

未分龙之前，虽有千里之龙，乃众山所共，无与本山之短长，必以分龙处来历千里，便知有千里之龙，故以之察长短。

未分龙之前虽有至贵之龙，无关本山之真假，必以分龙处开面出脉者，为真龙。否则是假，故以之辨真假。

未分龙以前，有至美之龙，如祖父富贵，可以福庇子孙，然必分龙处星辰开面，肖其祖父，方承其荫。若开面不美，祖宗虽美，意必他属，纵有结作，小地而已。

又如未分龙以前，有至粗之龙，如祖宗贫贱，不免贻累后裔。若分龙开面星辰，仍显祖宗之粗蠢者，方可限之。如变粗出嫩，前去定结美地，故以之审力量，是以分龙处要开好面之大星辰，子微曰："分龙要起大星辰，其位最尊，不起星辰气不生，要蝉翼护带"。董德彰云："出身处有蝉翼护带，前去必结大地，要线脉行鹅顶，而不顾人"。蔡氏曰："出身处线脉鹅顶，方见来历之真，要翔舞自如（线脉者，出脉细软，鹅顶者，山头如鹅顶之突出，线脉于顶下胸腹间也）"。杨公曰："真龙屈曲不朝人，挺然直出势最尊"，要有屏帐。卜公曰："出身处列屏列帐，要峰峦成座"。张子微曰："龙无星曜低低去，此是贱龙出身处"。要盘旋曲折。又曰："龙行身直不回翔，此是死龙多不祥"。故龙之贵贱生死，只在分龙出身处定之，出身美而到头不美，必有闪结，到头乃其伪气。出身不美而到头美者，必是小结，不悠久也。

3 中出　偏出

　　山龙中出偏出，凡开帐落脉高大星辰，皆富并论，惟太祖出身处为最重，此面中出者，前途所出皆中，即行度处，偶有偏闪，其大势自然不离于中，力量自重。

　　此面偏出者，前途所出皆偏，即行度处，间有中出，其大势自然不离于偏，力量亦轻，其所以偏出者，气禀之有厚薄也。禀气厚者，正而不偏，或先正而后偏，其力轻重可知。禀气薄者，偏而不正，即间有正出，或偏重而正轻，或偏真而正伪，其间不可不辨，今人薄偏喜正，大都不顾其伪重、轻，不以中出偏出之间，视其开面之有无，权衡其优劣。

注：此为一龙多出图，穴有真假之分，力量有轻重之分。

龙脉出身图

出脉

4 应　星

应星者，太祖前之再起星辰，以证应其所受之真假贵贱也。

盖因为太祖山尚是分脉大家共用之龙，惟应星是穴山独受，无应星，太祖虽美，其注意力不在此，有应星不开面也为假，粗而不文秀者，不贵。高大与太祖并峙，尊卑失序，须略小乃颖异。合尖、方、圆三吉之体，开面端庄，方足证明其所受之真贵。杨公曰："看他辞楼并下殿，出帐耸起成何形，应星生处别生名，此是分枝劈脉证"（楼殿喻太祖山高大，辞楼与玉者，应星也）。吴氏曰："寻地先须认祖宗，更于离祖察形踪，辞楼下殿峰峦秀，须识前途异气钟"，皆指应星言也（二诗前一首言应星辞楼下殿合尖方圆吉体者，可证龙身之贵，后一首言应星特起特降峰峦秀美者，可证前途结地之大）。

辞楼者，如臣辞君，客辞主。下殿者，自殿顶而下至二檐三檐，直到阶陛也。辞与下者，即特起特降之谓，然必先下而复辞，不特地而降，缓缓牵连而降者，不得谓下殿，必须自山顶下至山麓，方成特降之势，不特地而起，缓缓牵连而起者不得为辞楼，必须离祖数里，顿起大星辰，虽不可与太祖相并，亦须成座尊严，作置地步，堪为次祖，如此龙方有势，前去必成大地，行度之间，亦须特降特起，有一二座峰峦耸拨者，方是贵龙楼殿，惟干龙有之，枝龙即无，然自陟降之势，亦宜如是，若牵连而断不成断，起不成起，起即不起，断不即断，所结必小。

中国传统术数总集 第一辑

5 祖宗远近

经云："祖宗积累有根，其子孙终须与人别"。所谓积累者，非只一太祖一少祖也，少祖以上，其间低小星辰，可以无论。

凡有高大出众星体，不论多寡，均为远祖远宗，以历代积累根基甚厚，故子孙发达亦长。祖宗节数多者，力大而久，节数少者，福微而短。干龙长而祖宗多，枝龙短而祖宗少。分挂枝龙，无特起之少祖，况远宗乎。

凡远祖远宗开面地步，与太祖同论，但太祖如开创者，所开最大，开面不美，地步不广，便非贵龙，开面地步俱无，即是砂体，远祖远宗，如守成者，关系少轻，面小星粗，无伤大体，惟近祖近宗，星辰丑恶，开面全无，出脉如急牵线、覆鹅毛者，虽远宗甚美，亦不能裕发，后行至此节，不免灾凶。若闻开面星辰，胜于太祖太宗，行至于此节，必致富贵。故远祖远宗，虽关休咎，而近祖近宗，更系祸福也。

6 少 祖

　　将入局数节，特起大星辰为少祖，廖氏谓之主星（高压众山者，堪为一方之主），比祖远宗关系犹紧。入式歌云："若是山家结穴龙，定起主星峰，主星大小合龙格，造化便可测"。言结穴之龙，得特起少祖作主星，合龙格也。上格应大富贵，中格次之，下格又次之，贱格小康，凶格应凶祸。台屏帐盖成座大星，缠护叠叠，上格也。开面尊严，星成大座，缠护不缺，中格也。开面端庄，星成小座，龙不孤单，下格也，牵牵连连，前后相等，无特起特断之星辰，贱格也。虽有特起星辰，粗蠢丑恶，凶格也。星辰高耸而不秀丽，不开好面，亦凶格也。不入格之少祖，可以无论，成格之少祖，在穴后二三节间，其力重大，若离祖太远，则无力，结作寻常，得穴后一二节间，再上起开面好星辰，方能融结大地，入式歌云："二三节后合星辰，福力实非轻，节数远时福力少，再起主星妙"，语云："穴坐主星，高尚出贵"，即此意也。

【点拨】

　　高山之龙不可无少祖。凡平冈上的龙体，多只逶迤而来。若行度摆折屈曲，亦不必拘其必有少祖山方为大地。只要将入穴际，二三节内跌断束气，结咽过脉，此即同有少祖山也。盖山之一起气固旺，而山之一伏气尤旺，故不必拘于顿起高山为少祖耳。但其断处的以近穴为贵，一节即入穴尤妙。切忌受风，必须从山相夹护也。

　　平地之龙亦然，必于穴后有束气脉为妙。而其束处要微高，有分水明白（白，原本作自，今据大文堂本改。），则束气入穴有力，方为真切。盖平阳气多散漫，贵于收敛。既无墩阜可为少祖，必当以断处束气为准。或成银锭之脉，或有珠丝马迹、草蛇灰线、藕断丝连、龟脊牛背等形，则气束得聚也。穴场乘得气之聚处，乃是真融结。否则，散漫无证，纵有坪中突窟，亦认脉不真，不可下矣。

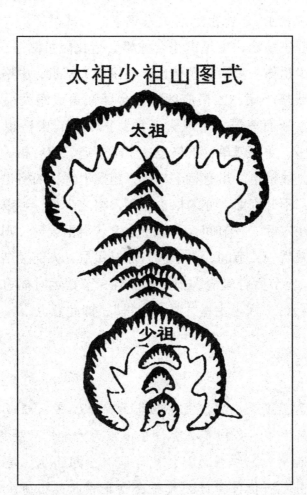

太祖少祖山图式

太祖

少祖

7 龙 格

（上篇端论少祖贵贱，此篇统论龙身以定优劣）

今人见玄武后一节之顶，以父母名之，二节之顶以少祖名之，后龙许多节数，俱以远祖远宗名之，并不论分龙长短，星辰吉凶，漫谓之祖宗，无怪大小不明，祸福莫辨也，必须深察分龙之长短，方可定祖宗之多寡，观星辰之吉凶，乃可推后代之应验。

如龙身短者，分大龙一二节，即入穴，分龙便作太祖，入首便为元武，而无少祖远宗。盖未分龙之前，虽有许多节数，众龙共之，本山只分其壮气，不得认为已之特起，故曰："挂祖分受，发福不久"。又如龙身长者，虽有许多节数，若不特起高大星辰，但低小牵连，兄弟相若而来，两边护从少者，不得跨龙长而祖多也，如此者，虽有开面，不过四五等格。又如虽有特起高大星辰，若不跌断成势，对看似成星体，横看牵长一条，亦不得夸祖宗之高大。若此者面必不大，从必不多，亦不出四五等格。又如虽有顿跌星辰，若不能特起特降，开面成座，枝脚横铺广远，但伯仲相若，形如锯齿之齐，枝脚短缩而不扬者，亦不得夸星峰之秀，如此者，虽节节开面，不过三四等格。必有成座特达之星，开大面而出低脉，前后间星，主于其间（雪樵子曰：问星有二，星无变化要间断，有变化要间出，间断者寻常，星辰亦可。间出者，须如鹤立鸡群，一见令人刮目），大小收放，相间而来，送从之山亦起，星峰拥护，方为三等格。中富中贵，翰宛科甲之地。若有开肩展翅，列屏列帐，成座尊严，占地步广阔之大星，主于其间行度处，大者极大，小者极小，收处极收，放处极放，如祖孙父子相间而来，送从之山叠起星峰卫护，有聚讲、行讲、坐讲之气象者，方为一等格。

中国传统术数总集·第一辑

　　凡是圣贤仙佛，后妃王侯将相，大富大贵之地规模大抵如是，故辨地之大小，只在星辰极尊不极尊，地步极广不极广，肩臂停匀来别之。又有近省城之随龙穴，与出洋之大旺龙，枝枝结果，节节开花，但分得大龙二三节，或只得贴身一挂，护从多而面大者，大富贵。护从少而面小者次之。倘山体小巧细嫩，不能复开大面，而得砂水真向者多，即与大开面等同。盖后面原是一二等龙身，来自数百十里之远，帐峡多而龙脱卸净，一节胜彼百节，故龙不必长，一尺胜彼百尺，故面不嫌小。

8 枝 干

龙以枝干名者，以木喻也，木自根达于巅曰干。旁出曰枝。干复分者为小干，枝复分者为小枝。大枝即枝中干，小枝即枝中枝，故有大干小干，大枝小枝之别。古人定枝干法有四：有以水源长短定者，如大江大河，夹送龙身者为干龙；小溪小涧，夹送者为枝龙，或一边大水，一边匜水，或一边小水，一边大水，夹送者亦为枝龙。有以云雾定者，如高峰大嶂，其巅常有云雾者，为干龙，低小而无云雾者，为枝龙。有以星峰有无定者，如浑厚博大，不起星峰者，为干龙，秀岭顿跌星峰多者为枝龙。有以峡中人迹多少定者，如干龙数千里而来，断处多系省郡通衢，峡中人迹繁多，枝龙数里一断，断处为乡村小径，人迹稀少是也。

预定枝干亦有二法：一是以峡中所到两边大界水定之，大干龙峡中所到大界水，必数百里而来，小干龙数十里，小枝则里许而已。二是以太祖分龙处细审落脉，正干必纵横自如，不顾他人，旁枝必环抱护从，面面相向。枝干之分，二法亦可尽之矣。

然枝干不可以长短论，有枝长而干反短者，盖干龙每从腰落，而旁龙前奔数十里，以作护卫，若不以地步广狭，开面多寡大小辨之，何以别其重轻，分其主从乎。但干龙结穴，有脱嫩而结，亦有不脱嫩而结，其正副嫡支，又混于众枝之中，似难分别，惟以节节开面，纵横收放自如，护从环向多者，为正干龙，分枝挂枝，亦看大小不同，仍以护从多、地步广者为优。又如分枝正落共一龙身，欲识其轻重，亦以此法定之。

9 老 嫩

　　龙身老嫩，以木喻最肖，盖高山穷谷之中，万山于此起祖，众水于此发源，龙橡者而不结地，如木之根本处无花无果也，迨其行行渐远，至半洋半谷之间，一边大水尚行，一边小水已合，龙身渐嫩，而地亦渐结，如木之分枝处，渐有花果也，其分枝有老嫩不同，轻重不一，只以开面大小，地步广狭衡之。迨行愈行愈远，至大河大江大湖大海之际，万水于此同归，正龙于此大尽，其将尽未尽之间，乃龙最嫩极旺处，结作多而力量大，如木之正干正枝，花果极盛也。盖老山起祖开面方始，未始脱卸，水初发源，少有会合，即有分出嫩枝，力量微薄，及行至半腰，开面渐多，脱卸渐净，有小水可收，渐能结地。若大龙将尽未尽之间，历数百十之帐峡，经千百十之开面，脱卸极净，诸水皆聚，各开好面结地，所谓枝枝结果，节节开花也。但结地处仍以砂水多者为胜，是以山谷之间，必有数十里来龙数十节开面，台屏帐盖，缠护多而地步广者，方结大地。若大龙将尽未尽之处，只有里许，龙身数节开面，或一二节开面，有一二座台屏盖帐者，亦成大地，是一节胜彼百节，小面胜彼大面，一股缠山，胜彼数重关锁，小山砥柱中流，胜彼数重大山，塞居水口也。

　　至于枝龙出洋尽处，与干龙结正穴后之余气，虽与山谷间之例有别，若本身不开面出脉，而无穴情者，不可以为脱卸已尽，寸寸是玉而插之。然山谷龙身，节节开面，跌断多者，亦曰：嫩。出洋星体不开面，或偶有开面而无跌断者，亦曰：老（平洋特起高大粗蠢，出开面而无出脉者，系他山用神，如北辰洋门之类是也）。故山谷亦有大贵地，出洋尽多下贱龙也。有等大龙行度，倏变为低小星辰，开面而起伏，而出嫩枝，不数里忽变为高大粗蠢，不开面起伏，而成老山，及至数十里，又变为老嫩，嫩又变为老者，总之，老处分结少，嫩处分结多，老处分结，非数十节不能成地，嫩处分结，数节便成良地。

【附】《地理人子须知·论龙老嫩》：

夫龙有老嫩之殊。廖氏云："老是大山毛骨粗，嫩是换皮肤。"其说虽发于《穴星篇》内，然论龙老嫩，亦不外是。盖粗大者为老，巧小者为嫩；绵亘者为老，退卸者为嫩。老龙山峦蛮蠢，星体浑浊，枝脚缩短，无有脱卸剥换，径直而不活变，粗饱而不发扬，峻嶒丑陋而无妩媚之态。如老妇形容枯槁，颜色憔悴，无有生育之理者，故不可以求穴也。嫩龙则有起有伏，有大有小，一高一下，一顿一跌，左栖右闪，之东走西，活变百端，奇巧万状，断而复起，起而又断。自粗变细，自凶换吉，脱卸清巧，如树木新发枝柯，自然条畅，开花结实，生意不息。故此龙可以索穴也。然嫩龙亦自老龙变出，故曰："老龙抽出嫩枝柯，跌断不嫌多。"大抵老龙如巨家老宿，气象厚重，容貌质朴，不事修饰。然含蓄储峙，养育子孙，皆此人也。嫩龙如千金之子，娇脆细腻，承师就保，衣服鲜明，容貌美好，享有厚福。娶名家女，生贵显孙，乃此人也。故老龙多是未经脱卸，可以为祖。而嫩龙则有穿落传变之巧，而为受穴之山也。若老龙一向不变细嫩，则为老亢，无生成之理，不必寻地。俗亦谓之老椿，以其如老枯之木，而无有枝叶之发畅也。又有一等真龙，结穴已完，犹有余气山延长而去者，亦名曰老，是又以脉尽气绝为老。李淳风谓"龙有归于老者"是也。此处亦不结穴，不须着眼。

中国传统术数总集 第一辑

10 内 外

　　龙有盘旋之势，即有内外之分，既有内外之分，即有轻重之别。（内外者，局内局外也，假如一枝大龙结穴，两边必有帐作包裹，在帐内结者，为局内。在帐外结者，为局外，局内结者力重，局外结者力轻。）

　　如大龙左旋，则左为外，而右为内，两边分结地，必左少而右多，左轻而右重，大龙右旋，则右为外，而左为内，两边分结之地，必右少而左多，右轻而左重。（此内外就盘旋之势言之，左旋者，以右为内。右旋者以左为内，言其势之所抱向者，为内也。）盖外边如背，逼近大江大河，水浩瀚而风吹散，山亦多祖，内边如面包，含小原小坂，水细小而气聚风藏，山亦多嫩，故内边略挂一枝，胜外边特发数节，外边数十节龙身不及内边数节之力，内边即傍门借户，略有包裹便结，外边非自立门户，数重环抱不可，外边惟恐见大水，只见一线无妨，枝龙不纳干水故也。内边惟恐不见大水，任是洋朝愈妙，自家血脉故也。

　　如杭州城之南山右旋者也，江干为外，西湖为内，孤山左旋者也。古荡为外，西湖为内，傍西湖结地者，不止数百处，傍江干古荡结地者，不过几处而已，内边大富贵地，不可枚举，皆是傍借门户，见西湖者，仅多边，惟江丈昭祖地，在眠牛山下者，果为大地，乃自立门户，不见江水，其龙亦自有帐峡特出数节方成。西湖大地，但得一节而结穴者尽多，此内外轻重之征也。

11 开 帐

廖氏曰：大凡开帐要中出，角落未为吉，左出为轻右更轻，轻重此中分。又曰：十字帐为上，丁字帐为次之。金水帐为上，水星帐次之。（十字帐，穿心中出，丁字帐，直来转横，亦中心出脉开肩明显者，为金水，模糊者为水星。）

蔡氏曰："开帐穿心，如人之有肩，如弓之有箭，阔者数十里，或六七里，狭者一二里，或一望之远最大，龙身分布一二百里，凡此方为正穿心（后龙撞背而来，中心出脉，即十字穿心帐）"。三五丈间，不足为正穿心，不过中心正出之龙，三五十丈者，只谓之小穿心，余止蜈蚣节而已，所谓正穿心，不能多见，数十节间，或止见四五节，或一二节者，其余亦须不离中心出脉，传变不在，气脉不散，而正出之间或盘旋飞走，或抛梭袅鞭，或蜂腰马领，或凤舞鸾翔，或蛇曲蝉脱，或登阶降陛，变换不一，只要龙身真正，不必定泥十字穿心，即间有丁字帐，亦为贵格。

有等穿心之格，帐梢又起圆峰，高峻丰厚，自带仓库者，主大富。

又有开帐之前，中间细脉垂下，突起俊秀之峰者，为帐内贵人，主大尊贵。

又有穿心出脉之帐，两肋高起圆峰，不与本身联属，侍立两旁者，为暗库星，主富盛而多姬妾，然小穿心蜈蚣节，已为难遇，况开帐正穿心乎。至于贵人仓库，犹为罕见。

问： 帐有真假乎？

答曰： 在帐中出脉开面者为真，否则是假，但此就统体而论，如后龙祖宗甚美，前而子孙俱开好面，占地步多者方佳，若祖宗不美，昭（即子孙）受伤，中间虽有一二节穿心帐，亦作假论，如玉尺经所谓尹琼瑶姬祖地是也。若横龙分降，借势为帐者，须前途自开好帐，即借势亦为有力，不然，不足恃也。

问： 帐字何义？

答曰： 古人以行军帐喻之，谓出了后帐，又开前帐，如行军帐，一定不移也，玉髓经云：帐者障也，谓横开广阔，能障其风，不使吹脉，障住外山外水，不使逼近龙身，即是占地步之广（帐有二义，指间广阔如一字，屏者曰：障，分开大八字而包裹到头背为帐，稍有不同）。

问： **帐角结地，能灭正龙之力否？**

答曰： 开帐面小，护带少者不能脱卸而去，枝叶自疏，帐角何能结地，如穿心帐开面极大，护带亦多，脱卸而去，枝叶自茂，定有融结，若正龙开帐面小，而帐角反开大面，岂惟灭正龙之力，旁者反为主矣。否则帐角分结，犹见正龙力量之旺，帐角又有帐峡犹见地步之广，其轻重亦随正龙，惟富贵终有正旁之别，初落之帐角分结力尚小，中落之帐角分结力渐大，分枝挂结亦然，小龙小帐，不能有此。

12 盖护枝叶

龙身所分，开帐之外，总名枝叶，分之则有数名，自逐节分出者，为枝脚桡掉，自祖山分出随龙同行，不到穴而先停止者为送。随龙同行，而先到穴前回旋作护者为迎，横障穴后，不抱左右者，为托乐，又为之屏。特起大星辰，分开大面，肩翅长垂，两角盖过数节数十节者为护盖，盖过龙虎为缠护。护龙起秀丽之条，端拱于穴旁左右者，为来辅，端拱于穴前左右者为侍卫，端拱穴后左右者为天以太乙，端拱峡之左右，一为天弧天角，日月旗鼓，端拱帐下左右者为暗仓暗库，金童玉女。总是龙之本身分出，所以卫龙穴者也，不自本龙分出者非。然本身已成贵体，得他龙真面相向，虽非本身分出，亦可借用，若背来驼我，或无背无面，即本山分出，亦无益也。

问： 护盖枝叶，必宜兼有，或有此而贵彼者，如枝脚短少，无护盖可乎？

答曰： 若逐节枝脚停匀，交互适当而长远者，不必祖山之盖送，如梧桐、芍药、蒹葭之类是也。如自近祖分出两股护砂，能盖过数节者，不必递节，不心长衍，即无枝脚亦贵，如上天梯、串珠龙、芦花鞭金钟、玉斧、卧蚕吐丝、九天飞帛、仙带飘空、金蝉脱壳、玉几上轩之类是也。

又如近祖一边无盖护，一边生枝脚，一边无枝脚者，则无护盖，一边不可不生枝，一边不须生枝，如杨柳长卷廉殿试之类是也。

又如自本身分出，零星墩阜，如飞花片片，寒鸦点点之形，两旁拥护者，不必显有枝条长垂盖护，亦为贵地。如芦花袭换骨龙落地梅花之类是也。若既有近祖之盖护长垂，又有逐节之枝脚繁衍，非都会之大干龙，占千里之地步者，不能有此。若护盖俱无枝脚又少一边者，公分有亏，两边皆然。神庙之地，有等出洋龙在大田大坂，傍大江大河，既无盖护，又少枝脚，或以高田作护卫，或以水绕当山者，而穴山开面，出脉局曲活动，有尠平呼吸浮沉之动气者，便是富贵云地，如平洋单独龙之类是也。然究其远祖，必有屏台帐盖之格，送从缠护之多，来龙长远，脱卸净尽，方能有此，不然，淮杨一路，平坦无山，何以亦有大地，而平洋单独龙，何以备多下贱者，总宜究其来龙贵贱，送从有无，然后定其优劣，缠龙在山谷，愈多愈贵，托山非横山无降脉者，不须来辅，有龙虎不必待卫，天弧天角，非大贵龙不能有之，既成大地，无亦何碍。

问： **龙身短长，枝脚不称，可行乎？**

答曰： 龙长远，枝脚亦宜长远，龙短小，枝脚亦宜短小，龙高大，枝脚亦宜高大，龙长远，而枝脚短小为结龙，龙短小而枝脚长远为到龙，龙高大，而枝脚低缩为独龙，龙枝脚贵停匀，若偏枯为病，则宜顺护，反背为逆，则宜圆净，尖利为煞，则宜秀丽。丑恶为贱，则宜整齐，散乱为荡，则宜合格。贵形吉形，贱恶为凶，故龙之贵贱不同，其美恶亦形于枝脚，观枝脚之美恶龙之贵贱可知矣。

13 过 峡

古人论峡以出脉偏正定吉凶，正者，两边有护送为吉。偏者，一边无护送为凶，于微论峡则以峡山形吉凶，吉形贵形，夹护皆吉，反此者凶，予但以开面出脉为重。凹面者，虽旁出力轻，犹不失为真龙，不开面出脉，虽中出无生如劖，故山外皆内面者，吉形固吉，凶形不过吉中之疵，如皆来能我，或无背无面，凶形固凶吉形何取，有等过峡起脉之山亦死，落脉开好面者，此行龙脱卸，将尽未尽，必有分枝相落之地，前途可觅。

阴阳峡者，即雌雄峡也，如常人雌雄狗二般，一边开窝而落脉者为雌，一边走珠而起脉者为雄（此谓雄也为雌，走珠者凸。），或雄落而雌受（雄落者，落脉凸而有脊，雌受者，开窝递脉也。），雌边虽有窝穴，葬下未能得福（开高递脉，真气未止故也。）。

问： 高山之上，并无跌断无峡，可知亦结大地者何？

答曰： 古有高山峡之名，尽山上梁中另辟世界，则山上自有平地，其起伏跌断处，即谓之峡，但在下面仰视，则不能见其脉，高山之上有平也，理有跌断，若无帐无峡，不另辟世界，何能结地。

崩洪夹贡，穿江过涧之石脉也，石脉从水中过，是山与水为朋，水与山为共，故曰：崩洪。惟平洋江河中有之，盖平洋数千里来龙，至大江大河，势不能住，则渡水而过，其过也，必开帐势，两边枝脚，一齐涌来，如鸟之将飞，必先矬其翅而起，石骨过处，水必两分

（龙渡河水必在石分流，方是过河之脉，其力自大，石骨形象不拘）。但水面不能见耳。山谷水跌泻溪涧，两边山脚石骨虽远，而彼岸田水不随龙势前行，反流入过龙河中，即在平洋，只以山脚论，并非过龙，谓之崩洪峡者非（龙既渡河，则龙势前行水自随龙脉前去，若反流入过龙河中，仍是山脚相连，非渡水之龙也），然渡水之龙，亦必开面方有一脉透过，中有龙者，其水两旁分流，或上面之水，向一旁流去，而河中水亦必两分，故云非石骨不渡水，但转到无山处，硬土亦能渡，只要中浅旁深，若不开帐作势，枝脚边有边无，来不海涌，水中虽有石骨，彼岸虽有墩阜，只以星散云断论，至于穿田渡水，则以河滨来去为凭，虽在极平处，仍有枝脚墩阜可证。

玉湖峡者，当脉横生池湖，脉在水中过也。

天池峡者，峡旁各生一池，或只一边有池，一边低田低地，脉生中间过也。玉池峡者，当脉中心生也，脉在两边过也，其水是龙气停潴，非因为雨水积池湖，是造化生成，非人力穿凿，深大力大，浅小力小，四时不涸，清而不浊者贵，忽然干涸浑浊腥臭衰竭之兆，果是相所之祖，台屏帐盖之龙，节节开面，地步广阔，有此更证其实。中等龙见之亦只寻常，下等龙见之何益，故只观其地步之广狭，开面之多寡，龙格之优劣为主。

古云：峡前峡后好寻龙者，以龙身逶迤，路远将过峡，久勃之势，昂然而起，旺气一聚，过峡后方兴之热，跌然而起，旺气亦一聚，必有旺气透于两边，一开面降脉，即借峡中之迎送为门户，而穴易成，或自立门户更妙，然惟嫩峡有此，老峡则否（节节开面，枝叶旺盛，龙势盘旋，有蜂腰鹤膝者，为嫩峡。牵连小面枝叶稀疏，龙势径直腰硬者为老峡），骑龙穴顺骑固须开正面，穴前周密容聚，俨如前面，不去倒骑，亦须倒开正面，左右砂层层回转，俨如背后生来环抱有情方妙，然峡前峡后，分挂一枝，结地者，十之八九，骑龙结穴者，十之一二。

问： 今人见山跌断，即以峡名之，并不问迎送有无，无迎送者，亦能结地否？

答曰： 峡间有迎送者，惟大富贵地如是，小龙止有跌断，何能有迎送之砂，但跌断而得开面，出脉前去，亦结小富贵，地不开面，而方在所弃，正小枝龙并跌断亦无，何能有峡，惟视其开面有无多寡而已，有等大龙来处，过峡重重，俱有迎送，至入首数节，只跌断而无迎送，亦成大地，不可以到头，但有跌断无迎送短之。

【点拨】

骑龙穴居龙脊，后有两砂送，前有两砂迎，似雌雄峡者真，前两股包后，两股在内则顺骑，后两股包前，两股在内则倒骑，出晕在侧，砂必边高边低，或边顺边坐，高枕顺向低败逆，而横骑倒骑四正无偏，则居中骑之斩关，则无穴晕，正脉前行，借峡中迎送，如岩前栽得法，亦发有余枝，前去数节而后止者，亦名骑龙，若前亦只有一节，便大水会合，则为斩关，主山耸秀，亦能催官。然骑龙斩关，以横骑为上，顺骑须凿池截气，开沟散水，倒骑龙高穴者，砂水自真，若低穴倒不能收水，故曰：雌边未能得福。

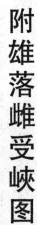

附雄落雌受峡图

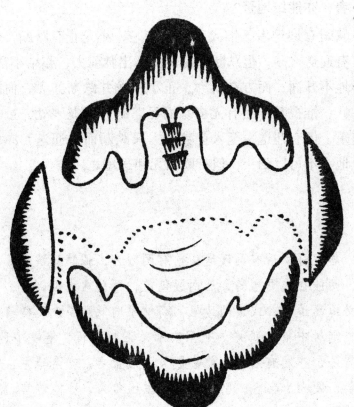

14 入　首

　　入首者，到头数节也，子微论龙格穿落传变与廖公李氏之论龙格，皆以此数节定吉凶贵贱，盖太祖太宗，犹是远龙，惟此处最为切近，若入首不美，祖宗虽美何益（必有他结），入首既美，祖宗必美可知，故寻地捷径，必以入首数节为主，开面者真，不开面者假（寻地有二法，有自祖宗寻起随龙看到结穴处，有自结穴处逆寻到祖山，然结穴既美，后龙必美，故从结穴处逆寻到祖山者为捷径）。台屏帐盖成座，星辰护卫砂水重重真向者，富贵，牵连小面单砂单水，拱高者，小康。

入首吉龙之图　　　　　　入首凶龙之图

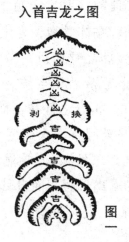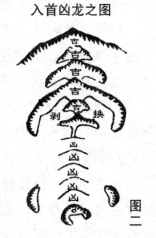

【点拨】

　　图一：此远龙不好，将入首近穴，剥变好龙，是吉地。但年代行到跌断后龙气不好处，即败，宜别求吉地接福。

　　图二：此则远龙好，将及入首近穴，变得不好，乃为不吉，主凶不可下也。

15 胎息孕育

诗云："千里来龙，只看到头一节"。赋云："入首成胎犹防死绝"。故胎息孕育，到入首更为切要（地理大成云：主星后一顶为胎，胎下束咽曰息，主星顶口乃成穴），此处不成，穴必他闪。盖玄武后一节为父母（穴山之盖山是也），父母开面出脉为受胎，开面者，阳气发舒之象，出脉者，阴气束聚之形，开面处有垂头，是俯而施之之象，出脉处有还晓，是仰而承之之形，阴阳相配，俯仰交孚，则受胎也，胎前跌断细如蜂腰处，谓之息。如母之受胎而养息也（此论父母山阳面出脉），吞武顶前（是穴为顶前），有隐分隐㿲之微者，是气之呼而沉，又有前起贴体微泡，为化生脑，是气之吸而浮，化生脑前，亦复有微分微㿲之呼而沉，微动微起之吸而沉，谓之孕（此论化生脑，开面出脉孕以化生脑为主，上自穴山顶前下至半山递脉节泡谓之孕也）。如母之怀孕，而孕之呼吸，浮沉，与母息相通也（言孕之前后呼吸浮沉与父终了母山之气脉相联也），孕下起孩儿头（一节临穴之球檐），开端然之面，又有隐分隐㿲，微起之动气，谓之育。如子离母腹，而自其呼吸沉浮之动气，故能育也（此论球檐开面出脉）。是以胎息孕育，全在开面方成，而生机又在呼吸浮沉之动气也。

中国传统术数总集 第一辑

附 论

古人论胎息孕育，从少祖山开始，有以父母山及有以球檐为胎，而息与孕育也有差别，因万物之生，莫不有胎，天地一太极未分之时，包天蕴地，浑沌即天地之胎，及乾坤定位，而寒暑递更，男女攸分，而子孙相继，即寓息与孕育之义。山川也是阴阳二气成形。昆仑是万山之胎，其分枝臂脉，即是息也，各郡各都，特起名山，孕也，建都建邑之地，育也，以龙身发脉论，当以太祖山为胎，分龙为息，小祖山为孕，穴山为育，以行龙入首数节论，当以少祖山为胎，过脉为息，父母山为孕，穴山为育，先生以父母山为胎，出脉为息，穴山化生脑为孕，

祖宗父母胎息孕育图

孩儿头为育者，以真切近也。当然这些都是以大山博换，小山出脉结穴而言，若仅说穴山三分结穴者，则当以穴山化生脑为胎，垂头出脉为息，半山突泡为孕，球檐为育，其以球檐为胎者，亦可递推，乳突窝钳篇，所谓承胎而葬，堪舆经所谓点穴须浮息都是这个道理，古人说法虽不同，意思都是一样的，所以在此申明，要活学活用不能太过于拘泥于某种说法，而失真旨。

16 裀褥　唇毡

　　裀褥者，坐下之软肉也。唇毡者，穴前之余气也。有裀褥方有唇毡，则唇毡又为裀褥之余气也，分而名之，穴前平仰圆收者为唇，唇下又铺一层平仰肉者为毡，有唇短而毡长，有唇长而毡短，有唇毡长短相等者，总宜有仰起托起之势，两角收上，中央弹出，四体宽平，不欹不削者为真，开口穴唇吐口外，乳突穴唇吐在内，有口无唇为空穴，有唇无在为死穴，在者唇旁之两边砂兜收也，口开阔大而长者，口内应有小唇，突生脐臍而凹者，唇内宜有小口，临田无近案者，唇毡俱全为妙，在山有近案者，只有唇收便佳，高结之穴圆唇非长大平坦而兜起不可，低结之穴与有近案者，只要有兜起之意，稍峻无妨，其唇短而高起者，毡宜阔大，唇长而平坦者，毡短亦无妨，若似反弓鳖裙者，地必假，盖唇毡是裀褥之余气，铺来无唇毡，则裀褥亦假，故所谓裀褥者，不惟穴旁坐下宜有，穴后穴前亦宜有之，穴旁无裀褥，则无胖腮，穴后坐下无之，则不和软（穴后即球檐之后），穴前无之，则无唇毡，何以成穴，惟有裀褥，自有唇毡，不致欹斜尖削，而见其余气之旺也，余气旺者，虽小地亦发人丁，左边多者长房盛，右边多者幼房盛，面前多者，众房同盛。

问： **每见穴前数尺余气，子孙则多，大片余气，子孙反少，何也？**

答曰： 穴前虽有余地，而非本身铺出，或从左或从右铺来，而一边界水，隐隐从穴前割脚过者，或左右俱铺来而两边隐隐界水，从穴前割脚合者，或从本身铺出，而托起平仰之势，如覆鹅毛之削下，龟背之有脊者，或虽托起平仰，而穴后不开面，无辈平者，虽穴前铺出一片余地，皆非余气也。盖气随脉行，脉随气止，气脉凝聚，自然四体融和，精神发越，二边界水割脚而过者，必唇侧而无毡，两边界水割脚而合者，即有口而无唇毡，穴后无气脉也，不能托起平仰者，生气不收也，如覆鹅毛龟背者，阴煞不化也。后无辈平者，即无动脉，脉死气散也，气尚无有，何能有余。真气既无，虽有余气何益。此皆裓褥唇毡不真故也，余气少而下旺者，可不方言而喻矣。

【点拨】：《地理人子须知》论唇毡证穴

唇毡者，穴下余气之发露也。大者曰毡，小者曰唇。毡如毡褥之毡，唇谓嘴唇之唇。凡真龙结穴，必有余气吐露而为唇毡。故毡在此铺，穴在此住；唇于此吐，穴于此扦。天造地设，自然之应。无此即非真结作耳。横龙之穴，尤须认此，不可忽也。杨公《龙经》云：贵龙落处有毡唇，毡唇之穴富贵局。问君毡唇如何认？穴下有坪如鳖裙。譬如贵人有拜席，又如僧道毡具伸。真龙到穴有裓褥，便是枝龙也富足。

江山王上舍渔翁撒网形

祖地：此地在江山县城外西南半里，分县龙旺气融结。入首开帐落脉下平坡。脉甚模糊，杂以巨石磷磷。至结穴处，一坦平夷。左右皆低平宽阔，界水微茫，无一处可入俗眼。只是穴前吐出毡褥，十分颖异可爱，证得穴真。王氏初非择而取之。因

**江山王上舍祖地
氊褥证穴格**

疫卒，停枢其上，以砖封之。过了几年，家日昌盛。议欲另葬。他的外父知道地理，见而惊曰："此美地也，何可另葬？加封土于上为善。"婿不之信，开砖视之，果见苪藤交结于棺，暖气蒸腾如雾。逐加封土成坟焉。今王氏富盛冠其县，登仕途的十余人。主要是：地前有文星近拜，外有远秀特朝，龙开大帐，穴枕禄储，不但富而且出贵。

17 余 气

（此篇论龙身余气与前篇论穴前之余气有别）

古云："大地多从腰里落，回转余枝作城廓"，余枝即正结之余气也。盖龙如瓜藤，瓜之结实，多在藤腰，反将尽未尽之间，近根之处，正藤之稍，即有所结也不堪为重。真龙结穴亦然，正穴即结，其余气或从龙虎肘外，或从官鬼前后，及缠护禽曜边曲折而去，或山或地，或作水口，或成阴地，阳基有数里而住，数十里而止者（只要真情拱向），无论远近，去而不结者，力小，去而结地者，力大，故省郡之大干龙将尽处，闪落一枝结穴，而以省郡为用神者，封拜之地。经云："余气不行数十里，定然不是王侯地"，盖小地以砂为用神，大地以正龙为用神。如韩信将兵，汉高将将也，惟分落之小枝，如结瓜之子藤，但得独立门户，自然风藏气聚，不论前去余气有无，然所谓余气者，内观外观，俱要真面向式而后去，去而复回顾者方真吉（有外背内面之真情拱向为有顾恋之意）。内观似向，外观似背，远砂似向，而近砂反背者，乃鬼山也。《撼龙经》曰：鬼山亦自有真形，形随三吉辅弼类，九星皆有鬼形样，不类本身不入相。故真龙之鬼自有重类，有此龙必有类型之鬼，而小枝龙则另生头面，不与本山类形，是以余气鬼劫小枝龙之鬼气，三者又各有别。

【点拨】：官鬼总论

本篇中提到官、鬼、禽、曜名词，在此做一个解释。所谓官、鬼、禽、曜者，乃真穴前后左右发出余气之山。在前者曰官星，在后者曰鬼星，在龙虎外左右者曰曜星，在明堂左右及水口间曰禽星，亦曰明曜，这些全为为富贵龙穴之证据。《四灵歌》云："禽曜星与官鬼，都是好龙生秀气。穴前穴后龙虎旁，有此定为公相地。"卜氏云："要识前官后鬼，方知结或虚花。"又云："禽星兽星居水口，身处翰林。"又云："生曜主官，王谢之名可望。"此官鬼禽曜之所以不可无也。着其要于下。

问君何者谓之官，朝山背后逆拖山。

问君何者谓之鬼，穴山背后撑者是。

问君何者谓之禽，龟鱼生在水中心。

问君何者谓之曜，龙虎肘后石尖生。

官鬼禽曜图

18 论地步本于开面

　　开面地步，虽分两样，然开大面，即是占地步，无地步，即是不开面，何也？大八字一统罩尽护带数重，两边送从缠护，面面相向，非开大面乎，贯顶出脉，护带全无，兄弟山挨近本身者，非无地步与不开面乎。故开大面，地步自广，开小面，地步自狭，不开面，地步自无，盖面之大小，不专指本身言，亦兼羽翼护卫言之也，羽翼护卫多者，地步广，虽本身之面小，亦为开大面，无羽翼护卫者，地步狭，虽本身之面大，亦为开小面。故开面地步，总是一事，但自身之肩臂眉目肌理之分言之，则为开面，自外层之羽翼护卫言之，则为占地步，论其真假，非肩臂眉目肌理之分不可，固一事而两名者也。

　　秦汉时，论形势。唐宋时，论星辰，今人止知论势，其次论星与形，予独论开面地步者。盖以山川古今不改，吾人所见不同，总皆发明山川之秘，如《狐首青鸟经》，《葬经》以形势察性情，以性情察生气，《撼龙经》、《疑龙经》、《玉髓真经》、《泄天机》之类，以地下山形，合上天星象，以人间庶物，状山川变形，逐类推求，随形模仿，皆格物以明理，非初学所能骤。

　　至于开面地步之说参悟万山性情，总归一贯机窍，意浅言详，人所易晓，况形势星辰，亦皆包括，诚以山龙无关开面地步，即不成形势星辰，何也？未有不开面而能成形势者也，未有不开面而能成尊严降势者也，未有不叠叠辗转开面，而能成飞舞踊跃之势也，未有开面之羽翼，不面面相向，而能成团聚回环之势者也，未有不占地步之广，而能有势如重屋茂草乔木，势如降龙水绕云从者也，未有不占地步之极广，而能有势如巨浪重岭叠嶂，势如万马自天而下者也。

廖氏曰：胃是脉从顶上柄，星峰不现头，饱是浑如覆箕样，丑恶那堪相。杨公曰：大抵星辰嫌破碎，不抱水身多作落，皆星辰不开面之说也。《葬经》曰：形如乱衣，妖女淫妻，形如仰刀，凶祸难逃，形如卧剑，诛夷逼僭，形如覆舟，女病男囚。又曰：势如戈矛，兵死刑囚，势如流水，生人皆鬼，势如惊蛇，屈曲欹斜，灭国亡家，此皆不开面不占地步之说也。

《入式歌》云：好格面平方合样，面饱何劳相，不开面者，其面能平而不饱乎。《撼龙经》曰：作穴分金过如线，曰分金者非即开面之谓乎。又曰：高山顶上平如掌，中分细脉如蛇样，平如掌即开阳献面，如蛇样即束阴吐气，中分即隐显之分，又非开面之谓乎，然则古人之论形势星辰，未尝不寓开面地步之意，但不明明道破，予故发其隐微，不言形势星辰，而详论开面地步也。

19 饶 灭

饶灭者，多者为饶，少者为灭，即挨加法也。

盖晕心标准，左右均匀，挨左则左少右多，谓之灭龙饶虎，挨右则右少左多，谓之灭虎饶龙。又如龙先到而在内，虎后到而在外，龙近虎远，作穴挨近龙边，即是灭龙饶虎，虎先到而龙后到，虎近龙远，作穴挨近虎边，即为灭虎饶龙是也，其龙虎不交抱，而龙山低虎山高者，亦宜灭龙饶虎，虎山低而龙山高者，则宜灭虎饶龙，又落脉饶灭之法，如脉从左落，势必趋右，宜右边受穴，左耳乘龙，棺头宜亲右边，棺脚宜近左边，亦曰：灭龙饶虎，右肩落脉，饶灭亦然。大抵落脉左右之饶灭，与龙虎远近之饶灭，常自相符，当饶而不饶灭者，祸在公分，如左砂先到，当挨不挨，长房必败，左水不到穴前故也，右砂先到，当挨不挨，幼房必败，右水不到穴前故也。又如水自左来，右边是下砂，不挨右而挨左，则青龙顺窜，祸及长房。水自右来，左边是下砂，不挨左而挨右，则白虎顺窜，祸及幼房。

20 挨　弃

　　挨弃者，挨生处而弃死处也，如脉从左转右，则左死右生，从右转左，则右死左生，双脉短者为生，齐脉小者为生，贴身砂长者为生，痕影水明者为生，弦菱伶俐仰处为生，圆唇薄仰平铺边为生，穴腮圆胖为生，牝牡砂先到为生，龙虎湾环腼觑边为生，气脉阴阳变化呼吸浮沉之动气为生，总之，动处、仰处、圆处、有情处、厚者薄处，均为生也，左生发长，右生发幼。

注：此穴龙虎分明，饶灭挨弃有度，穴法自然，真不愧为风水宝地

21 浅　深

作穴浅深之法，有以两边界水定者，有以穴前小明堂定者，有以一合水定者。窝钳穴无贴身一合水，（一合水即蟹眼水，窝钳穴无一合水者，即堪舆经所谓：蟹眼不分插气穴是也，盖深大窝钳穴结低处，平中取突，球檐无蟹眼水分下即以贴穴分合为蟹眼水，金盆穴法亦然。）以两边二合水定者，从来议论不一，但两旁界水之浅深（即二合水），与一合水之浅深，相去悬殊，一合水之浅深，与小明堂之浅深，相去亦悬殊（一合水从穴晕两旁分下小明堂，即穴前一合水聚处，故二者深浅不同），且穴旁痕影水（即一合水）浅者止一二尺，葬穴不就、应如是之浅，或两旁溪沟成界，深者数丈，葬穴不应如是之深，即二合水合于圆唇之下，形俯者，或有数丈高低，葬穴亦不应如是之深，然则何以定之，惟小明堂之深浅，与穴高低相等，似可以此其定浮沉，然每因为之过浅，则有风吹蚁入之患（风吹则气散土影，故出蚁入之），过深则有水湿黑烂之虞（阴来阳受脉缓者，气浮，阳来阴受脉急者，气沉，况气浮宜浅，气沉宜深，浮沉得宜，全在深浅恰中，为则过深过浅，则气不蓄，即为腐骨之藏。古云：穴吉葬凶者，亦兼乘平浮沉深浅而言也）。况小明堂上下任人指点，增卑损益随意可更，其深浅亦无足据，惟金银炉之浅深，与小明堂界水之浅深（此界水指一合水言），常自相符，宜以小明堂界水浅深尺寸为准则，多留真土托棺，不得凿至炉底，每掘出小孔探之，将到炉底而止，真土者坚而不浮，韧而不硬，干而不枯，润而不湿，明彩而不昏暗，即生气土也，炉底土，比真土稍淡，稍昏，稍干，稍湿，稍粗，稍变，不必过硬，方为炉底。有等真土厚者，比小明堂更深数丈，若因为土美深掘，过于小明堂，必有水湿之患（掘弃炉底穴深水入），故必须以小明堂为准，多留真土，托棺为是（地学云：穴之浅深，为葬法成功一大着，如形粗势大皮厚肉肥者，宜深）。

山小势微皮嫩肉肥者，宜浅。此可预定，若求真土，必凿而后见，不可预定。凡开穴先去浮沙浮石，真土有范围有盖底，或稍粗土为之范围，盖底之中方是精粹之土。太极之晕，有范围狭小不足容棺止堪容棺者，亦天生自然，不容勉强，顺勿打破外晕，晕有晕心多是碗人自土将透底乃见，见此即止，真土皮浅者，打下数尺见土变粗，或土尽见砂，见石急下真土作底三五寸，然后棺穿可浮土外，取好土和灰坚，则客水自消，不可掘穿炉底，术家以九星五星量浅深某山间当深几丈，其说若妄，即量界水则浅深亦未必尽符，动手方知也）。

【点拨】：引《发微论》浅深篇

其次又当定浅深。浅深者，言乎其准的也。夫浅深得乘，风水自成。故下地者，必以浅深为准的。宜浅而深，则气从上过，宜深而浅，则气从下过。虽得其地而不应者为此故也。大概先观来脉之阴阳，次看四山之从佐，且如来脉入首强，作穴凹，出口尖，此皆脉浮而属阳也。来脉入首弱，作穴凸，出口圆，此皆脉沉而属阴。故曰：浅深得乘，风水自成。深浅之法多端，至理莫过于是也。切要辨认入首阴阳，虾须界合明白，若当深而浅，当浅而深，差于咫尺之间，反吉为凶矣。经曰：地吉葬凶，与弃尸同，正此义也。世俗装卦例而九星，向法以定尺寸者，大谬也。

山洋指迷（卷四）

明　周景一先生　著

1 平洋论

山龙以开面占地步者为胜，平洋亦然。盖平洋开口，即如山龙面，山龙不开面为无气，平洋不开口亦为无气，其理一也（水分气行，水合气止，龙不开面，则水不分，平洋不开口，则水不合，故均为无气）。

山龙有星体形势帐峡缠护者，为占地步，平洋亦有星体形势，帐峡缠护，其占地步亦一也，但平洋踪迹，与山龙形体略有异同，今亦以纵横收放，行止分合，向背敛割仰覆，枝干大小分晰，龙体穴形，要之不外乎因水验气。古云：平洋得水为先，诚要语也。

2 因水验气

　　气者，水之母也，水者，气之子也，有气斯有水，有水斯有气，气无形而难见，水有迹而可求，水来则气来，水合则气止，水抱则气全，水汇则气蓄，水有聚散，而气聚散因之，水有浅深，而气之厚薄因之，故因为水可以验气也，若池湖荡胸无收，则气不能聚，江湖泼面无案，则势不可挡（入怀之水太宽为荡胸，必须退后收小或近收贴穴小水，方可取城，入水当面直冲为泼面，宜有近案遮拦，不致直见汪洋为妙，详后枝干篇）。其易盈易涸，急去急来，倏浅倏深，或环或直者，亦有盛衰之应，惟大水之内又有小水，重重包裹，方见气之藏而聚。大界之内，更有微茫，隐隐分合（贴穴痕隐水），方见气之动而止，故眷（去而回顾）、恋（深聚留恋）、回（回环曲折）、环（绕抱有情）、交（两水交会）、锁（关栏紧密）、织（之弦如织）、结（众水汇潴）皆气之所在也。穿（穿胸破肋）、牵（天心直出，牵动土牛）、射（小水直来，形如箭射）、反（形如反弓），直（来去无情）、冲（大水冲来）皆气之离也。如反者使之环抱，直者使之曲折，散者可以聚之，去者可以蔽之，挽回造化，亦在人功，但本身血脉有情顾后者（贴穴小水环绕也），务宜按亲，干龙大水，无意留恋者，不可扳援，若山谷之平洋，山多水少，虽见大水无害，总要自家界合为先耳（贴穴界合无论山地平洋，必不可少）。

3 纵 横

两水夹送龙身直行者为纵，两边枝水插入者为横。

大龙奔行数百十里，或数十里，或一二里，两边枝水插入，如八字样者为帐，枝水分流，或数百里，或十余里者为大帐，一二里者为小帐，两边枝水长短不齐，阔狭不一，帐之边多边少，龙之中出偏出，均于此辨之，帐大而多者龙大，帐小而少者龙小，亦有借纵为横，借横为纵者，总以枝叶茂地步广者力大。但平洋纵横，不如山龙易见，枝龙纵横，又不如干龙易见，盖干龙有大江大河为凭，而枝龙惟小河小滨，或低田低地，忽纵忽横，难以体认，非远着足力，细细推求不可，其龙身来去脊脉，只以两边小河小滨插入，或低田低地中，有一段高起处证之。河界田，而田之阔大处是横，滨界田，而田之狭长处是纵，小滨横生处是横，直生处是纵，未分小滨之前是横，已分小滨之后是纵，小河倏而横流，小滨忽而直生，忽而横生，低田低地，亦如是者，都是借纵为横，借横为纵也，总之纵者中尊自主，横者侧体顾人，纵如菜台花心，横如菜叶花瓣，菜叶花瓣，为护其心，枝脚缠护，因为卫其主，横者是开为合之机，合者是收成纵之局，故有纵不可无横，有横不可无纵，有纵无横者，即无盖护，有横无纵者，何以成龙，然亦有等龙身，在大江大河之中，或隔十余里，或隔一二里，有圩田浮于水面，如鸥鹭之浴波，或如珪、如壁，大小长短相间断续而来，此以小而直长者为纵，大而横阔者为横，察其到头，定有真止，故龙穴皆纵中之事，砂水皆横中之事（龙脉虽多曲折，总居中而贯穴，砂水即有直长，皆在龙穴两旁分也）。

4 收　放

收者，束细咽喉也，龙身行度处，以之定峡，到头一节，以之观入首，即所谓束气也。

平洋无脊脉可凭，全在收处察其真假，证其来源，放者开枝脚也，帐盖之大小，缠护之短长，均于此定之，大龙有大收大放，盖帐关峡是也，小龙只小收小放，个子蜂腰是也，收放愈多则愈有势，愈大则愈张扬，盖收者如火筒风箱，小其窍而气方健，放者如瓜藤果木，茂其枝而本自大也，然非两边枝水插入，不见其收，非两边枝水分开，不见其放（插入言枝水，自干水生入分开言，两水自龙身分开如个字，二者其义一也）。或一边枝水插入，一边无枝水分开，即是边有边无，或一边枝水插入，一边分了数段，方有枝水分开，如不对节之草者，即为参差不齐（此指直龙而言，如横龙旋转者，不以此论），非真收真放也，收放真者，大略与山龙过峡相同，但山龙之起伏高显然可见，平洋之起伏低，殊难识认，总以两边枝水插入为凭，因为收处而见其放，放处而见其收也。

至龙身行度处，高山以特起为少祖，平洋以特收为少祖，故穴后之收放，比后龙更为紧要，但后龙开帐过峡，有两边枝水插入者，或一边枝水插入，一边但有低田为界者，亦以帐峡论，不过力量稍轻，若在穴后一节，两边枝水插入，固为束气，亦有一边有枝水，一边但有低田低地为界，或两边俱是低田低地，中间高起一段，亦为束气之真（大坂平田两边无枝水插入，又无高低束气之形，宜飞边吊角而插，盖近穴虽无束气，其气必有分水之峡也，然飞边须边上展开堂局，吊角须角上动而有情，即四面有水，甚遥不拘，方圆大坂，中间插进一渎，而弯抱者，亦有结作，若边角俱无，穴情中间又无漕水插入，但得微微起伏有唇口堂砂，殆如隐面山龙，精神藏而不露，不可以无明水而弃之）。其收放之极大者，两边护砂，有金箱玉印，日月旗鼓，琴笔剑笏仓库诸形，或拱龙峡，或护穴场，文具应文，武器应武，堆钱仓库主富，琴鼠凤鹤主仙，形吉者吉，形凶者凶，吉形穴中见之吉，不见犹奇，脊脉之龙，其形多连于本身，或见于低田低地，或见于高田高地，平薄之龙，每于隔河隔滨见之，或见于水面，或见于平田平地，总以向我有情者吉，无情反背者凶。

无束气漕插之图

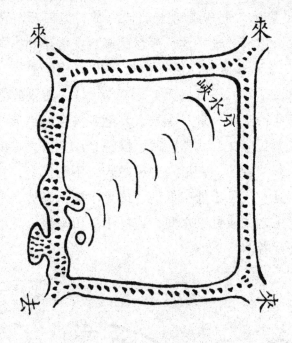

无束气飞边之图

无束气弔角之图

中国传统术数总集 第一辑

5 行　止

平洋少骑龙斩关之穴者何？盖平洋，以水行证龙行，以水止证龙止，不若山龙有形局可借者比，故曰：到头水聚方能止，水若无收气远奔，然此亦就大合之内有小合者言；若直临大水交襟之处（此大合水处），形必渐小，缠护必短缩，钳局面必不开，以为尽龙而收之，必致衰败。

杨公曰：寻到山穷水尽时，地作茅丛容易弃。故须倒寻转去，看有一股下砂小水缠绕处，只收一边之水，或横开钳局，或倒挂金钩，方是真止，平洋龙之横结多，而直结少者，亦形势使然也。

议曰：二水夹出莫当前，宜向左边或右边。

神仙倒仗宜横作，下手虽空也进田。

又曰：二水夹出莫当中，中心水去十分凶。

翻身作向朝来脉，发福绵绵为坐空

（二诗前一首申明上文莫开钳局之义，穴宜横作。后一首申明上文倒挂金钩之意，穴宜逆挂）。

故大水未合而小水合，得下关水来缠绕者，定有真止，大水合而内无小水缠绕者，不得为止也。若逆水之龙，其来处原是两水夹送顺行，或而翻身逆朝来水（界龙之水流东，界穴之水亦流东，为顺局，若界龙水流东，而界穴水流西为逆局，如龙身顺行有漕插入，为后托与逆结同）。雕逆转处最多，不过数节，而其内边小界水，与逆转之龙势相迎，方有真止（如外边龙势左旋，内边枝缝水右旋，方见内界之合，龙右旋者倒推），如内边小界水，仍随龙顺行，必是砂体。经云：顺水直冲而逆回结穴，方知体段之真，逆水真冲而合襟在后，断是虚花之地，此之谓也（平洋坐空朝满，须得低田低地，为明堂，前有明堂，后有束气自有钳口、下砂以证，内界小水环绕，若合襟穴后内无界穴之水，何以成穴，即如裹头水为凶者，亦因为内无小水环绕之故）。小界中者，即枝缝中水，故又名枝缝水。

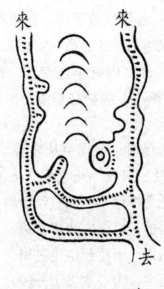

横开钳局图
第一图

前冲后漏，其凶易凤。

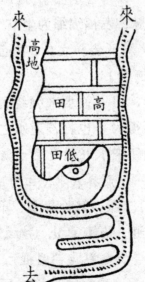

倒掛金鈎图
第二图

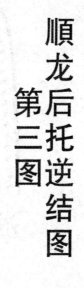

順龍後托逆結圖
第三圖

合襟在後圖

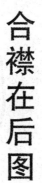

第二在图以内无界
穴淚水，不吉。

中国传统术数总集 第一辑

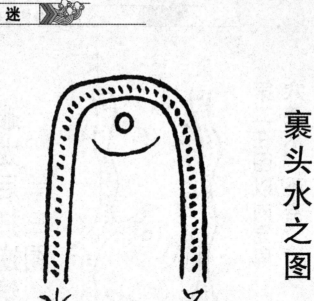

裹头水之图

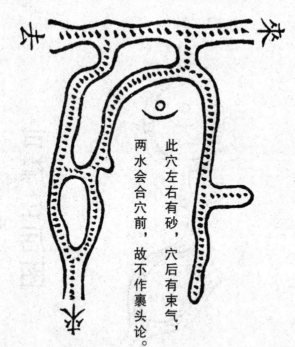

贴穴水会图

此穴左右有砂，穴后有束气，两水会合穴前，故不作裹头论。

中国传统术数总集 第一辑

6 分 合

　　平洋分合之大小真假，何以证之？曰：不拘江河溪流，与龙之枝脚缠护，俱夹收在内者，是大分合（此分指分龙处，合指大合水处是也），即界龙之水，枝脚缠护之内，或低田低地，或小沟小滨，两边夹来，先分后合，以界脉入穴者是小分合（此分指行龙处，合指缠护外水合处），即界脉之水，入首之处，分开枝水，使咽喉束细，而脉清气健（此穴后分水），到穴之处，逆绕下关，使堂局紧收，而脉止气聚（此穴前水合），是真分合，即成龙成穴之水（有真分合可证龙穴俱真，故曰：成龙成穴之水）。有大分合无小分合，是假龙，有小分合，无真分合，是假穴。故真分合，更不可少（以上言水之分合证龙穴也）。

　　平田旁舒两翼，层层涌来，俱有向前之势者，亦是分，圆唇中间弹出，两角收上，如月魄之倒覆转者，亦是合，使无层层扑来之势，何以见其龙之分而行，若无倒收之圆唇，何以证其气之止而水之合，昔人谓桃花滚滚非真穴，又谓：真气之止，不待临流，而气已先收，皆指此也（以上言砂之分合证龙穴也），盖平田有行龙之象，即有分而无合，圆唇有倒收之形，即有合而气止，况圆唇而为穴之余气，可验生气之有无，有生气吉，则气有余而唇吐，无气则无唇，然有圆唇之合，又不可无本身两砂兜抱其唇，否则内界有合，内堂何能聚，必有大界水扣肋割脚之害，故乘脊者，要钳口兜其唇（有钳口即是两砂兜抱，可证贴穴小水分合），看水绕者，须内界绕其唇（有内界分合，即是微砂环抱），以砂内必有水（承钳口兜其唇言），水外必有砂也（承内界绕其唇言）。故砂水之合，圆唇之合，缺一不可。

三分三合水图

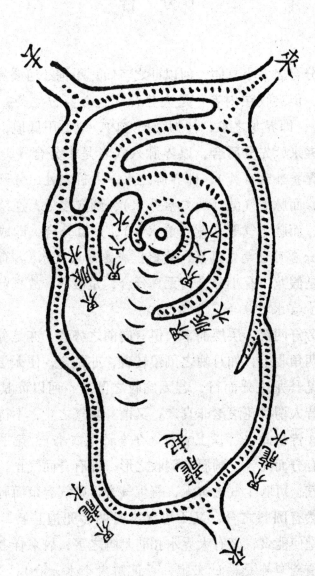

上图（三分三合水图）界龙水，两边如八字分开，是第一分，外明堂是第三合，即大分合也，界脉水八字分开，是第二分，中明堂是第二合，即小分合也，贴穴小水，亦如八字，是第三分，内明堂，是第一合，即真分合之水。赖公曰：大地有三分三水，中地二分二合，小地惟贴穴一重分合水而已（指界穴小水言）。

【点拨】

平洋顺龙结，而有脊脉者，宜坐高乘气，而插当以前图为式，若顺龙横结逆结，穴后与左右宜低，所以见本身之高且低，则有水以证水，外有砂环抱，其取短漕冲昭者，亦是此意，至穴前虽宜向高，但须明堂低聚，堂外砂高为吉，若前无明堂，不成穴矣。

《至宝经》云："大凡点穴，先看大八字下有小八字，两边有虾须水送气脉下来，交到三叉尽处，必开口。然如是，又要辩认上分下合分晓，方知真假。若上面有分，下面有合，阴阳交度，乃为真穴。或上面有分，下而无合，则是阴阳不交度，乃为假穴。分合有三：其一乃球檐水分来下合，为第一合；其二乃小八字水分来下合，为第二合；其三乃大八字水分来下合，为第三合。"《神宝经》曰："三合三分，见穴土乘金之理；两片两翼，察相水印木之情。"按：此皆穴中之至秘也。有合无分，则其来不真，内无生气可接。有分无合，则其止不明，外无界脉之可证，皆非真结作也。故分合证穴，最为的切，不可不察。但分合之说，须明师口传可也。不然，则多有误。盖窝钳之穴，无传度口功，鲜能知之，故尔。

分 合 图

两岸上分三叉

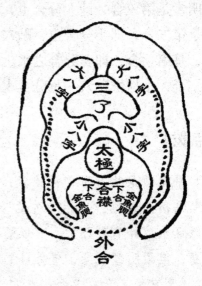

7 向 背

　　脊脉之龙，看砂之向背为主，而水之向背，自在其中，平薄之龙，看水之向背为主，而砂之向背，自在其中，然砂之向背，又在开口之有无真假，见水之向背，又在大水内小水外有无绕抱之砂见之（平洋正宗云：平洋点穴全在配砂，配得砂来便用得水）。盖平洋有以低田低地作堂作界者，堂界之外，必有高起之砂，可辨其向背，如四面之砂，皆外背内面而相向者，是真口而气聚（真口两砂或长短不齐，须下砂长而外背内面抱唇逆上，方得明堂气聚，如下砂逆转作案，上砂只要面来向穴，略短无妨，上砂顺转作案，得下砂逆上拦住，上砂不使顺窜为吉，两砂均匀者穴居干中，边长边短收先到之砂与山龙铙灭挨弃法同，然逆局不以顺砂为嫌，故平洋犹贵认龙，认龙之法，以水作地看，以地作山看，更以大界水定来龙，小界水看入首，故宽眼界，细心理会则顺逆自无遁形。盖水所以界龙脉龙身顺逆，惟水可凭，若便以水为龙，不明认龙之法，毕竟似是而葬，古人以眼倒星辰竖起看者，即此意也），设有一面反背者，是假口而气散（砂背水亦反也），无口则更无砂可辨，其向背而气亦散（此承看砂之向背言），大水内有小水界开，方有小水交合，可辨其水之向背，如下手边之小水，左转来向，上手边之来水，右转来向，是水绕而气聚（水绕即是砂抱），若下手边之小水，当逆向右边者而反顺行（向左而去），上手边之来水，当趋向左边，与下手左转砂水相逆者，而反趋右，是水不向不绕而气散，大水之内，无小水界开而相合，则更无水可别其向背，而气亦散矣（此承看水之向背言），故内无开口之砂小水环绕相向者，此外虽有砂水相向，总无益也（此申明外有大水内无小水环绕之病，盖小水两边环抱方为开口之证，据其一边小水湾环，一边得低田低地为界，亦是开口，若此有一边小水而直硬者，外有砂水相向亦假）。

蔡牧堂云："向背者，山川之情性也。"夫地理之与人事不远。人之情性不一，而向背之道可见。其向我者，必有周旋相与之意；其背我者，必有弃厌不顾之状。故审穴之法，凡宾主相对有情，龙虎抱卫，无他顾外往之态，水城抱身无斜走，堂气归聚无倾泻，毡褥铺展无陡峻，此皆气之融结，而山水之情相向也。吴公《口诀》云："但登正穴试一观，呼吸四维无不至。"其不曾下得真穴者，必细审无情。虽共山共水共明堂，共龙虎案对，只咫尺间，或高或下，或偏左，或偏右，便非正穴，自然山水不相照应。大势似有情，而细审是乖戾。故云"共山共水共来冈，磊磊排来似种姜。只有一坟能发福，来山去水尽合情"。又云："若远差一指，如隔万重山。"董公德彰云："一个山头下十坟，一坟富贵九坟贫，共山共向共流水，只看穴情真不真。"盖正穴当高而扦低，则四山高压，安得有情？正穴当低而扦高，则拥护夹照不过，安得有情？正穴当居中而扦于左右，则案山堂气皆偏，而白虎青龙失位，或撺或急，或下明堂，或压塚，安得有情？故不可有咫尺之误，务使中正无偏，自然山水四向有情，而得其穴之的也。

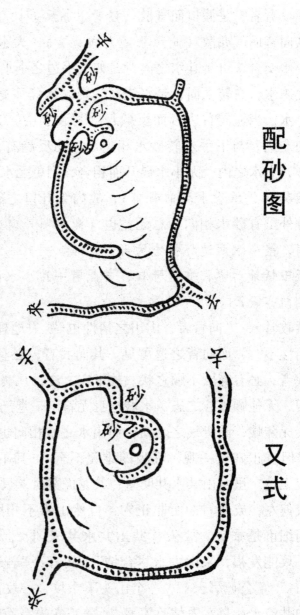

此则开斧撞乘，后水湾环，前水曲出，两砂交锁有情吉，

曲缕钩转结构易晓，若顶来气而对圆唇，则水城头，左右无砂，不成穴矣，

配砂图

又式

8 敛　割

问曰：　山龙忌敛割，平洋亦忌否？

答曰：　大界水之内，无小水界开，与无钳口之分，即是敛也，到头之处，无砂水真分，圆唇之前，无砂水真合，即是割也，盖无分即敛，敛即必割，敛于入穴之处，水即冲身，敛于两背之间，水即割臂，敛于穴前，水即割脚，故大口之内，有小口分合，大水之内，有小水分合者，方无冲割之患，大水分合，是大口，小水分合，钳局分合，故大水之内，须寻小水，大口之内须寻小口（此数语包括平洋诸书认穴之法）。

9 仰　覆

问曰：　山龙忌覆喜仰，平地亦然否？

答曰：　仰属阳，覆属阴，山龙是阴体，当于覆中取仰，故突出处以平为贵。平洋是阳体，宜于仰中取覆，故平中以突为奇，然在阴砂开口之中，隐隐如没牛吹气，盏内浮酥，泥中隐鳖者，方不患覆（即微突顶之意）如突大而显者，必须开微薄之面，吐平仰之唇（自突大插坦之意，此指在阴砂开口之中而言），与山龙喜仰忌覆同，若不在阴砂开口之中，又当自开钳局，出唇吐气方可，水乡之府县基，水涨时衙宇阶陛俱没，而正堂水不没者，则至高之处为正穴，低洼之所，必无气脉，故平洋圆胖肥，仰而高于众处者，为气之所聚，城市村落皆然，此即平中取突也，开口之阳基穴，在掌心低处，两边有高砂作护，此即阴砂开口，取微薄之面，平仰之唇也。

10 枝干大小

辨平洋龙枝干，在分水处（此即分龙处而言），与合水之处（此指大合水处而言），两边水源俱长大者是干，短小者是枝，一边长大，一边短小者，亦是枝，水源长大，而大合水在数十里，或十余里者，是干水源短小，而大合水在数里，或一二里者，是枝。欲知水源短长，则以两边大界水广狭定之，广阔者水源长，狭小者水源短，长而不广阔，虽干龙而力薄，短而广阔，虽枝龙而力厚。至小枝龙，或一边溪水，一边田源水夹送，或两边俱是小水夹送，会合穴前左右，此辨枝干法也。

大干大枝，穷尽处必不结地，惟脱出至小之枝，每在尽融结（大干龙大枝尽处，即是大合水交襟之所，故不结也，若脱出小枝近双小水，以大干大枝余气作护者，仍有融结），枝龙不纳干水，干龙亦以不见大水为佳也，若干龙至将尽处，枝龙傍大水边在肠内（大水小水缠绕之内），收纳界水，而不见大水者力大，如局面开阔而向大水者，必须小界水（即界脉水），来路远内水（即界穴水），缠绕有情，明堂容聚，余气铺张，前砂拦水，穴间只见一线湾环，或如镜圆静照为妙，如面前直见汪洋，定不成地，故地在腹中者，十有八九，在大水边者，十之一二，在大水边而见大水者，百中一二。

　　惟龙长力大之阳基，局势相当，方可直临大水，盖阳基宜铺尽（即开拓，开堂纳气之意），不同阴地宜收聚也，然亦须小界分开（小界分开即是入脉之处），束气明白方真（后有束气，前有真结），有等枝龙之水（来源短水者是），因为低洼而聚为湖池，其间亦有取裁，但不可太近，亦不可别无小水缠绕，恐有荡胸泼面割脚空亡之患，设无小界水分开，被大界水贴身为割肋（贴身者大界水贴脉直行，此言穴后无分）。无内明堂聚气，被横水扣唇为割脚（无内明堂，即是无钳口，扣唇者，水贴唇前，此言穴前无合），断不成地，池湖旷荡，无近案拦砂，穴小水大，亦为空亡，若辨平洋之大小，去山未远，有脊脉可寻者，宜溯其来历，亦以两边大界水长短阔狭定之，去山甚远之平洋龙，众水交流，无脊脉可见者，只以交汇水，多寡大小，出口处，关锁疏密定之。

　　总之帐峡缠护多，占地步广者地大，单砂单水，缠护少者地小，至于偏全聚散，山龙平地相同，不必复论。

11 渡　劫

问： 龙有遇水而止，有渡水而过，又有所谓水劫者，何以辨之？

答曰： 龙未到横水（如龙脉自西过东，大河自南流北，故曰：横水），而界水合于田中，即因为水合而止，龙已到横水，而横水水底无石骨硬土，彼岸无分水脊脉，则遇横水而止，如龙已到横水边，或将到横水边，而田间两边界水，分落河中，水底有石骨硬土，中浅旁深，彼岸有分水脊脉，则渡横水而过。故曰：龙过千江不过一堂。一堂者，小界水合于田中也，若河中虽有石骨硬土，彼岸虽有分水脊脉，而彼岸田水，不随龙势前行，反倒流入过龙河中，此两岸龙脚相连，非渡水也（如龙脉从西岸穿过横河渡到东岸，东岸田水宜随龙东行若反流入横河，则两岸俱是龙脚，非渡水之龙），但龙只渡横流，不渡直流，如大水自西向东，直流两岸，小水俱自南向北，或俱自北向南者，龙能渡水（大水自西向东，龙脉从南岸渡过北岸者，两岸小水俱宜自南向北，龙脉从北岸渡过南岸者，两岸小水俱宜自北向南，句宜活看）。若两岸小水，亦自西向东，水底即有石骨硬土，亦是两边龙脚，非渡水也，龙能渡大江大河，不能渡山谷之小溪小涧，即溪涧石骨连片，或如一块生成，亦是两边龙脚相连，并非渡水，故云：平洋有两江之脉，山谷无过渡之龙（跌断过脉处，不可例论，此节当与前卷论崩洪峡一节参看）。

问：　有生成横水，以界龙脉，有开掘河道，以断龙脉，年深日久，何以别之？

答曰：　水倒过一边合流而去者，生成之何也，逆龙之水直流，而横河之流，可左可右者，开成之河也，生成者，能界龙脉，开成者，不能界龙脉也，生成之河，犹能过者，渡水之龙也。开成之河，而龙亦能过者，伤其面而不伤其体也。

然则开河断脉，亦有害乎？曰：脉之阔大处无妨，狭小处有害，离穴数里外者害小，在数里内者害大，未插而断害灭，已穴而断害速。所谓水劫者，应有脊脉处（去山未远，平洋跌断过脉处，宜有脊脉），而无脊脉，左水可过右，右水可过左也，江河流通，与开掘河沟而水过者，均不为劫，大水淹没龙脊而流通者，亦不为劫，惟跌断处无微高脊脉，而水可左可右者，方谓之劫。故跌断处微微脊脉，断不可少。平洋亦有玉湖、玉池、天池诸峡（详前卷山龙论峡篇），四时澄清不涸者，前途定有吉穴。

龙渡水图

北

龙脊

小水自北向南

大水自西向东

龙脊

西

东

小水自北向南

南

龙脚相连图

西

北

南横水来

两岸田水俱流入横河

北去水

南

东

两边龙脚图

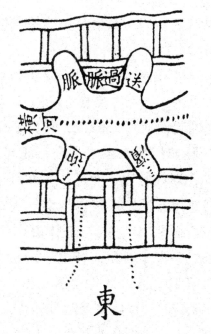

南

北

西

東

脉脉过送

迎龙送龙滨图

古有迎龙送龙滨之说，大略与山龙过峡迎送砂相同，如龙脉自西岸渡过东岸，西岸两滨水流入横河，东岸两滨，虽亦流入河中，但其内边田水，随龙东去，此系渡水之峡，非龙脚相连。

12 龙体穴形

　　平洋亦有星辰、龙格、体势、穴形，星辰者，平洋之五星九星，所谓波浪水、滚滚浪金、半月金、倒地木、曲尺木、浮牌木、棋盘土、柿蒂土、铺毡土、砖角土、暗火开红、落地金钱是也，龙格者，三台、五脑、九脑、丁字、玉字、玉尺芦鞭、金蛇过水、曲水之玄、单独芍药、兼葭杨柳等格是也，体势者，龙蛇鱼鳖，晒锦铺茵，或如蛛丝之经行、瓜藤之延续、鸥凫之浮沉、藕丝之牵带、田塍层叠、如波浪之涌来（平洋正宗云：广坂之中四畔水绕，内看田塍动气。有三法：一曰：拱来形如初月，两角向下层叠，横来见直塍之所结穴。二曰：收来亦如初月，两角向上势如叠浪，至方坂动而将静处结穴。三曰：鱼鳞盛如水裂绞状，中有高低至关口处结，或结于方正之所者也）。

　　培嵝纷纭（平洋墩阜行龙亦要开肩出面结穴，宜开钳口或旁砂环抱为吉，为用之法坐实向虚与山法同），如风雨之递至，此皆气行地中，故能涌起而成形成势也，其自平洋涌起于低田面之高田高地，必原气脉如江浙水乡之平洋，涌起于水面之上平田地，得尺许高田高地，即气脉也，然气每生在细小处见之，若一片散阔，虽有高田高地无益，故入首贵乎束气（此论体势来脉平，下论入首），入首有高平二体，其与来脉相等者为平，得内界分明，贴身砂头虽不涌起，而本身是高特之阜，亦为真结（此阳来阴受之体，虽贴身无显明之砂，既得内界分明，自有阴砂环抱）。不然，虽有来势而无特起星辰，又无贴身界合，《玉尺经》云：一片顽皮，将何取证，入首比来脉处高数尺、数寸为高，亦须贴身界合分明，阴砂包裹（此阴来阳受之体，有阴砂环抱方有贴身界合），不然，非他山之用神，即星散之墩阜。《雪心赋》曰：滚浪桃花，随风柳絮，多是无蒂无根，未必有形有气。此之谓也。

　　盖地形有高有低，砂水有偏胜，脊脉高起之处，砂显而水隐，故论砂之开口，在微茫之界合（承入首比来脉高起一段言），脊脉隐伏之处，水显而砂隐，故水之缠绕于平薄，而开口之形，自在其中（承入首与来脉相等一段言，以下论龙穴形体）。取开口之形者，以砂为主，以水为客，砂胜者开口之形多，如蜈蚣、虾蟹之形，不下数十，水胜者开口之形少，如出水莲花、泊岸浮牌、逆水砂洲，三者可以尽之。然开口之象有四焉，如旁分两股为砂，中含低田低地为堂者，是太阳作蜈蚣虾蟹、金盆钓钩、玉带虹腰、新月合角等形，皆太阳之象也（阴开裹阳为太阳）。旁分两砂，中出一脉，两边界水之外，有钳口者是太阴（中有出脉两边小水界脉而下，钳砂在外界水在内，故曰：界水之外有钳口），作落花浮水，乌鸦伏地，丹凤衔书，黄蛇出洞，仙虾翘首，龟鳖气背，结网蜘蛛，匣中宝剑诸形，皆太阴之象也（而金裹阴为太阴，钳口内龙脉微高而牵连者皆是），太阳开口阔大，起微突于中心者，是少阴，作盏内浮酥，金盆献果，匣内藏桃，釜中煮蛋，龟鳖浮沉，仙虾窥珠等形，皆少阴之象也（太阳开口阔大，中间起突者为少阴，即一块平田较四面微高者亦是），太阴形体丰厚，开微窝于当中者，是少阳，作鸡心口螺靥口仰掌鸡窝，皆少阳之象也（太阴开微窝薄者为少阳，凡突大而显者，开微薄之面吐平仰之辰，俱是），推而广之，出水莲花，泊岸浮牌，是太阴之体，逆水砂洲，是少阴之体，古人论形，因为其似穴之口而取之，今人论形，忘其取形之意，则失之远矣（以因开而论唇，因为唇口而论堂砂穴形真伪，皆于此辨）。

　　开口者，无形亦真，不开口者，有形亦假，总以砂之钳局，作水之缠绕，以水之缠绕，作砂之钳局（有缠绕之水，即为钳局之砂），均为有口，理归于一也，有口更须论唇，阳口无唇是空口（纯阳散漫），阴口无唇是死面（纯阴裹煞）。有唇还须论砂，无两砂兜抱其唇，则明堂不成，界水不合（无明堂贴穴，穴小水不能会合），有砂然后成堂（两砂环抱之正即是明堂），有堂然后成口，有口不可无唇，故唇口堂砂，不论何形，皆不可少，但直开之口，易晓，横开倒开侧开之口难明，有出脉而随阴口者易晓，无出脉而开阳口者难明，当何以辨之（以下论阳口），脉直来而直结，如蜈蚣盘钳之口者，为直口，脉直来而横结，以来去之身两边相掬为龙虎，如虹腰牛轭之横湾，如玉带瓜藤之颗节者，为横口，脉直来而侧结，亦以来去之身两边相掬为龙虎，如新月稍微窟处，如侧掌之食指节处者，为侧口，脉直来而倒结，以钩转之势为龙虎，如钓钩金钩钩刀之口者，为倒口，山之钩转者，非后有真背不可，平地之勾转者，只要后有微顶，前有薄唇，明堂背后，拖出无妨（山龙横开、倒开、顺开之口，后无鬼乐，必须背靠出，平洋穴后拖出者，亦作鬼论，但面面来转向者佳）。

不论何口，只要看其唇之圆处，堂之聚处为主。阳口左旋者，气必略偏右，右旋者，气必略偏左，阴口亦然（此概论阴开裹阳，阳开裹阴之口，以下分论四象葬法）。太阳之口，唇气内含，水胎而葬（胎即球，注详乳突窝钳篇），少阳之口，唇吐口外，穴在窝下（太阳唇气短缩，故宜承胎，少阳唇气外吐，故宜插窝）。太阴之口，吐气为主，薄处堪亲（厚多取薄），少阴之口，一突为奇，微顶可盖（平中微浮，可作盖穴，若突大宜插顶前微靥处）。若平地之窝，唇吐口外者，不论口之大小，居中气聚（此即少阳之口，宜打窝之中者，以唇吐而脉隐也），金盆无口亦然（此即少阴之体，宜插突之中者，以气聚而脉旺也，紫囊斋云：金盆形在，在有之四围高而水无出处，四时澄清不涸者吉），倘穿凿失踪，不可以四象定者，后以束气为证，前以明堂聚处为凭，而消息之，庶几不差矣。

右图山洋略同，可以参看。

盖山龙平地，虽属两途，而阴阳相济，归于一致。如太阳之象，阳之极也。阳多取阴，插顶前微簷处，与山龙横开钳口，无出脉垂下担贴脊而插者相同。太阴之象，阴之极也，阴多取阳，宜亲薄口，与山龙两边龙虎掬抱中垂乳突之形，在簷下平处，插葬者亦相同。太阳变少阴，是阳动而生阴，即山龙无显脉之深，大窝钳宜认阳脉，而插于水平脐结之处。太阴变少阳，乃阴动而生阳，即山龙乳突开口，唇气外铺，宜插窝下之穴法，口有四象，形变多般，一阳三反，总不外乎阳来阴受，阴来阳受，阳多求阴，阴多求阳之理，平洋如此，山龙亦然。

法穴陽太

法穴陰少

法穴陰太

法穴陽少

附四象图並说

拱来图

坎来图

田低

低

低

低

低

低

阜墩

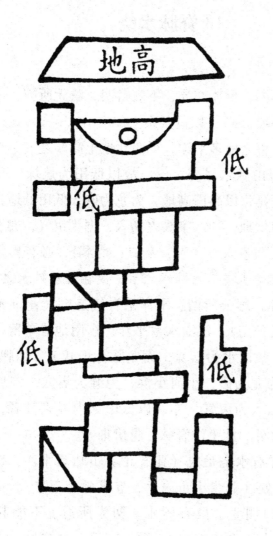

魚鱗蹙之图

13 脊脉水绕

　　平洋与山城不同，形体亦异，不先辨明，法无所施，今约为二（即乘脊脉者看水绕二法），以概其余。

　　陕、汴、齐、鲁之地多平洋，得西北地土高厚之气，与各方去山未远之平洋，得山脉未尽变之气，故以低田为坛垛，而龙脉行于其上，如瓜藤蔓延，以高田高地，为龙为砂，低田低地，为堂为界，穴后两边低田低地，如八字头之插入，据为束气，亦有以水浜为内界束气者（近穴界入脉之水，故曰：内界），必有界龙之水在缠护砂水之外（界龙水在界入脉水之后，故在缠护砂水之外），此平洋尚带冈阜之体，廖公所谓：平洋乘脊气是也（此节论去山未远平洋，以脊脉证行龙），江浙水乡平洋，东南地势单薄，去山甚远，冈体甚无者，故以水为坛垛，而龙脉行于其上，如牌浮水面，其平田平地，即为龙为砂，小河小浜，为缠为界穴，穴后两边小浜，如八字头之插入为束气，亦有以低田为内界束气者，界龙之水，在缠护砂水之外，此平洋脊脉，隐伏难寻。

　　杨公所谓平洋有水绕是也（此节论去山已远平洋，以水绕证龙脉），应有脊脉处（此指去山未远，宜乘脊脉而言），而无尺寸之脊脉，必无钳口明堂，虽有砂水，勿为所惑，不能起脊脉处（此指去山已远，水绕平荡而言），而能有已寸之脊脉，即高一寸为山，再得水缠绕更为有据，乘脊气者，非不必以水绕证钳局，而可凭不独水绕，因为体以见用也（脊脉为体，水绕为用），水绕者，非不必求脊脉于平薄，而可凭不惟脊脉，因为用以推体也（此节论乘脊脉者，以钳局证水绕，脊水绕者，曰：水绕证脊脉。

以下二节论穴）。

谓之乘者，乘于阴开裹阳，阳开裹阴之口中也，阴开裹阳者，复以脊脉尽处为顶（脊脉尽处，必然微挫，故能见顶），旁分两股为砂，前吐薄口为唇，中含低田低地为堂穴，水不分两边，但团聚于口内为雌雄，内结如蜈蚣之钳，即所谓叉口、禾锹口也，阳开裹阴者，旁分两砂，中出一段，以脊脉微高为顶，以薄唇吐出为面，两旁有微分水痕水外者，微高钳局（界水在内，钳局在外），其水自穴旁分开，而合于唇下，为雌雄外结（雌雄内结外结，注详乳突窝钳篇），如莲花之心，即所谓三叉口合角口也，然亦有太少之象焉（前篇四象兼论龙穴，惟此论穴开口之象），阴开裹阳，是太阳，其开口阔大，中起微突者，是少阴，阳开裹阴，是太阴，其脉体丰厚，中开微窝者，是少阳（详龙体穴形篇），如此穴情，方为的确，明堂方真（有真日方有明堂）。不然，虽有脊脉何为（此节论乘脊脉者，以钳口形象证穴，若但有脊脉而无钳口亦相真雌），谓之绕者，不禾之内，要小水回环，下砂之外，要活水环绕也，盖大水众所共依，小水穴所独受，小浜界开龙砂之水，活水界真龙脉之水，故大水内有小水缠绕，气水界而穴方真，下砂外有活水阳朝，龙止而局方紧，然亦有雌雄之辨焉（龙水之合）左旋龙，其性情必趋向右，须右旋水，性情趋向左境者配之，与本身下关砂相逆，共绕下砂外会大合水而去（界龙水），右旋龙，其性情必趋向左，须左旋水，性情趋向右者配之，与本身下关砂水相逆，共绕下砂，外会大合水而去，如是相媾，方谓之绕，不然水倒龙去（如龙右旋，水亦右旋是也），为不媾不绕，虽有水合何为（此节论水绕者，以龙水配合证穴，若山有小水之合而龙水不交者，终假），有等去山未远，河多阔漾，渡水亦多，脊脉在尺寸之间，其内界多是小浜者，得两小浜左右环抱，界成龙虎，浜头插入，据为束气，龙左旋者，自然右浜缠过玄武，龙右旋者，自然左浜缠过玄武，方无流水冲顶之患（此是浜底缠过玄武水会穴前，非水往穴后流去），外面又有活水朝绕，如出水莲花形者，不必本身有开口钳口局，自有真结，然脊脉微高，断不可少（此节论近山平洋，有水绕者不可无脊脉），有等去山甚远，多高田高地，渡水有亦脊脉，可见其内界多是低地低田者，有低田低地，为束气为明堂，高田高地，为拦砂为钳段者，不必本身有明水缠绕，亦成美地（到头一节，以低田低地为束气，即有界入穴之水，宜前有拦砂钳口，可证小水会合，故不必明水缠绕），然大水会合，亦宜不可无（大水指界龙，言丙内无明水，故须大水会合，以证龙，此节宜论山远平洋，虽有脊脉而无明水缠绕者，不可无大水会合）。

问： 夫平洋不可不开口，而水乡独不然，藏曰：大界内有小界界开大水内有小水缠绕，则大水之内，有砂可知，其形如出水莲花者，与阳开裹阴之口何异（即太阴之体），然则泊岸浮牌，与逆水沙洲二格，亦有缠绕之口欤？

答曰： 二者皆在四水交会之内（界脉水两边分来界穴水，亦两边分来均至穴前，左右会合，故曰：四水交会），泊岸浮牌，大水绕下砂，龙脉牵连不断，逆水砂洲，大水绕玄武（水绕穴后，仍于穴前会合），龙脉渡水而来，自有缠护，圩田与回转余枝，皆透入水中，而星列于四面界脉之水，必在缠护圩田，与回转余枝之外，界穴之水，必有缠护圩田，与回转余枝之内（外内者，背面之意，言界脉水在缠护砂之背，如界穴水任缠护砂之内面也），其中各自有条，非无分别，只于水涨时，散粗糠于上流，其内分合之形自见（此缘穴形须着足力细细体会），不然，穴星何以见其中尊自主，而四面隔缠圩田如鱼如禽如井田者，又何以见其外背内面相向有情，流水何能不冲其身耶。惟水绕可证其砂，以侧水不冲穴，而见其中尊自主也，于此权之，泊岸浮牌，是太阴之体其隔水缠护圬田，如井田之形者，与中出土脉旁分两砂之钳局何殊，逆水砂洲是少阴之体，其四面缠护圬田，如禽鱼之形者，与太阳开口阔大中起微突之钳局何殊，但太阴少阴之口砂，膀者尽连地面，头露于堂界之内，此二者则在四水交会处，内外看之证其钳局，为少异耳。

故曰：　平洋不开口，神仙难下手，平地水乡，其理一也（此节论水乡开口，申明水绕，即有钳局之意），乘脊脉者，即枕球檐之意，亦阳来阴受，阴来阳受之意，得有真口穴情方的，以开口为主脊脉为客也，看水绕者，即先看下臂之意，亦即论龙虎之意，故曰：无龙要水缠，左畔无虎要水绕，右边山之龙虎，乃取开口之形，平洋水绕证钳局，亦取开口之形，以开口为主，水绕为客也，故不论高山平地，总以开口为贵，但其口有高低隐显大小阴阳之不同（此篇大旨乘脊脉，若不可无水绕，看水绕者，不可无脊脉，而乘脊脉不宜孤阴纯阳之独求，看水绕终须大水小水之相接，以见阴阳相济方成配偶，更以局证水绕，水绕证钳局，发明开口之义，殊为的当）。

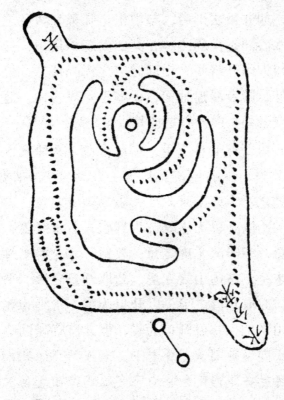

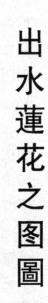

出水蓮花之图圖

泊岸浮簰圖

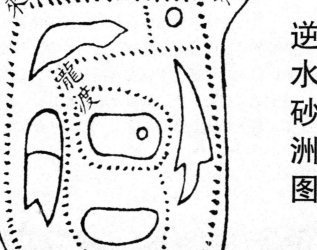

逆水砂洲图

14 平洋低田

问： 去山已远之平洋，无脊脉之平田，亦可用水绕之法否？

答曰： 江浙水乡，非无脊脉，但地势卑薄，穿渡复多脊脉低伏
而不见，故看水绕以证脊脉，所以无论低田水乡，凡大
势皆低者，内有微高之处，即为龙脊，只要收放向背分
明钳口唇堂可证，不以有水浸没而弃之。杨公曰：水退
同干地力是也。若去山未远之平地平田，原有脊脉可寻，
其间若无脊脉必是无龙虚假之地，纵有水绕，误插必败。

注：此为高山发脉降落平阳全景图。

中国传统术数总集 第一辑

15 水 穴

真龙入水，山近者有石骨，山远者有土脊，或见于水面，如鸥凫之溶波，或潜形水底，如鱼鳖之隐藏，浮于洲者易扦，沉于水者难察，果后龙真的水中有石骨硬土，自有结作，或水干露其形体，水浅钳口隐见，与干地穴情龙脉相同，而培客土成洲，仍掘至原处，（见客土而止）搁棺干土之上，掩土作堆，经云：捉月（廖公水底穴名）虽云英在水中还要土来封，然其水温暖者真，故古有水底穴之说，（如无锡华氏鹅肫荡祖坟是其格也）第非法眼不能辨此，稍有差池贻误非浅。

【点拨】

水穴是一种，没有十足的把握，千万不要轻用，稍有不慎，就会败绝。但还有一种穴为聚水格很吉。师云"水朝不若水聚"。吴公云："一潭深水注穴前，不见来源与去源。巨万资财无足羡，贵入朝堂代有传。"故凡穴前水最宜深聚。因为水本动，妙在静中。聚则静矣，此其所以为贵。据深凝之水，四季融注，此郭氏所谓风水得水为上者也。湖有千年不涸之水，家有千年不散之财，此聚水之所以为至贵也。如丹阳贺廉宪祖地，其格也。

丹阳贺廉宪祖地聚水格：

地在丹阳县南八十里，土名马墓。其龙发自三茅，来历甚远，不及详述。撒落平洋，铺毡展席，隐隐隆隆，开帐入局，开平田大帐，束气结咽，成银锭脉，为平中一突泛水文星。左右面前三湖汪洋巨浸。近有玉带砂低伏弯抱，以关内气。远有文笔峰秀贴天表，以为贵证。明堂宽广，四势和平。登穴视之，山明水秀，气象宏大，真美地也。系亥龙转艮，作丑山未向兼丁癸。葬后出默斋公，富冠于郡。官兵马，膺封诰。子又登进士，司文衡，官江西廉宪。诸孙连登科第，人才迭出，富贵方隆。

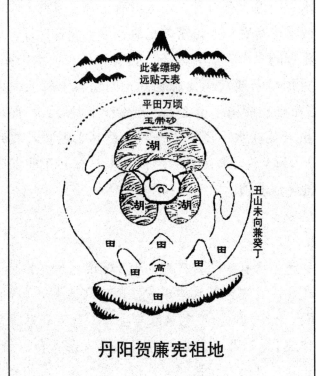

丹阳贺廉宪祖地

16 火　嘴

　　杨公曰：高山落平地若有火嘴，看火之尽处，又开钳口为暗火开红，所谓火放灰中红影生也，如尖嘴不开钳口为死火带煞，不可扦葬，此言不解者多，予见倒地火嘴，阴砂绕抱时师理葬尖生，坐下退田笔，立时祸败，后移至两火尖中，竟至绝灭，又有误会"落不落看尖角"之说，顶火尖而葬祸不旋踵，殊不知暗火开红者，非火焰上下可以立穴，盖火炎上则烛照光明，星峰似此，多主文秀，因为其本体威脚尖射无情，故只堪作祖而无其融结，平地火嘴亦只可作后龙，须看火嘴之前作数亩田地，有高地涌起平中一突，（得土星更妙）侧卧是唇，两边砂抱，（平中之突四面皆低，全凭两砂为穴，证此殆如少阴之口突大而微吐簿唇，穴前可容侧卧如小明堂处，即是唇齿也。）或尖尽处分开钳口，而成阳窝出唇吐气，（此即少阳之口，大全云：大山撒落平坡，气聚尖头者要尖处，突复开钳口，外有包砂方可。）有真正明堂者，方为暗火开红，若不明此慎毋下穴。

17 沿 海

沿海新涨沙地，虽坍涨不常，但是民间居住或葬亲于此的，未尝不发富贵人丁，当作三项论之，其一：涨起之地如有行龙脊势，分合情形者，此因为水底原有龙脉，故涨起即有气溶成，居葬其上自可发福，其二：砂环水绕俱在人工，气聚风藏亦由造作，与攒基一般，虽无龙脉受镕成之气，亦能发福，但不久长。其三：新涨海滩重植者，开河泄水取土培基，或从无情处修改，虽无龙虎亦有界水，虽无生气自得水神之生气，（有水即有气）亦可安其土而食其毛，崇明宁绍海滨有富贵者，类多如此。

古歌云："海水逆潮人爱惜，两浙英雄由此出，十五不潮人叹息。"又云："江左秀气在潮水，潮白时人多富贵。"如昆山县，近数十年前海潮抵其邑者三，状元亦三应之。又泉州沙塞潮河，近年开通，潮水抵城，而人才盛冠八闽。仙游古潮抵县，故多显贵。宋朝初，莆田因筑木兰陂，潮止陂下，而贵萃莆阳。故潮关地气盛替。且阴地得潮水最吉。如余姚孙忠烈公地，穴前潮水交会，而孙氏满门朱紫。还有王阳明先生祖地，在县西十里，穴结平洋。穴前水屈曲而去，海潮一起，涌入朝穴。旧有记云："封山一地最难求，穴落平洋水绕流。奇峰隐隐云霄见，文魁天下武封侯。"葬后，阳明先生父海日公华登成化辛丑状元，官至南京吏部尚书。阳明登会魁，正德末官南赣都御史，以平宸濠功，封新建伯，南京兵部尚书。隆庆年初，追封新建侯，谥文成，果符"文魁天下武封侯"之验。

乳 格

天台仙居临海水来

黄岩太平水来

路 田

石

田

石

田

田

海門

海

临海何尚书海潮穴

中国传统术数总集 第一辑

　　临海何尚书海潮穴：此地在台州府东南七十里处，当地名叫水家洋。其龙来自苍山，历黄岩，迢递数百里。中间经过重重剥换，不及详述。至将结数里之外，如云从雾拥，顿起星峰，横开大帐，重重过峡，涌起御屏。屏中抽出一脉，石骨清奇，尖秀特异，如玉笋，呼为牛角尖。尖下串珠走马，又过峡，顿起大阳。中垂大乳，两肩开翘，亦如唐帽之势。取仙人坦腹形，仙童案。其前朝之山，乃自数十里共祖分枝，遥转二十里，逆水上奔至穴当前，以为正应。又收明堂之水。其左山亦在十里前共祖分枝，星峰秀异，迤送至穴上手而止。顿起高岩白楼峰，是为北辰，镇塞内水，挺然可怪，穴中不见。其水即左右两源，皆自十里外夹送至穴前小明堂交纽。海潮一来，九曲而入。其大江水大交会，一边天台、仙居、临海三县水会，一边太平、黄岩二县水会。大海门二山，皆在千里之外，至此交会，以作门户。此门即台郡大水口，此地却近门户，所谓"大地多居水口间"者是也。此穴葬后，出太守公庞，登癸丑进士。尚书公宽，登庚戌进士。儒官麟桥。坐庚向甲，贵应庚甲。尚书公甲戌生，太守公庚午生。但庚、酉、辛、甲、癸生人皆贵。且穴星端岩，昌、曲应位，宜有理学名臣、忠孝廉节之应。穴形乳头大，而复开口平坦，做穴奇怪。初葬下级，复迁上级而得真穴。

18 山洋异同

高山之法可通于平地，既晓高山平洋不难，果尽同乎？

曰：有同者，有异，有大同小异者，盖山洋俱有祖宗枝干，帐峡缠护，行龙俱有两水夹送，结穴俱的圆唇界合，龙虎明堂，下砂水口，向背聚散，此则同也，高山见火嘴则气绝而不行，（山龙跌断而尖利者为死龙，为煞，故曰气绝不行。）平地见火嘴，则龙行而穴近，（平地火嘴有束气之形，行龙束气细小，则穴近平洋，有脊脉脉者，可证其来历，若无情处唯有火尖之体不以此论。）高山患纯阴包煞，来洋患纯阳散漫，（此指无阴阳变化者言。）高山以砂势分合，寻龙得砂势包收，虽水不交会，斩腰截气亦可葬也！（山龙行度处，得砂势包收，自有界合，故不必明水交会，亦可以斩腰截气而扦，）平洋以水势分合寻龙，非四水交会，（详水绕脊脉篇）砂势兜收，展翼游鳞难以作穴，（四水不变则气何能聚，虽两边分砂如鸟之展翼，鱼之开翘，此送龙砂体，无止结真情。）此平地与高山之异也，（此节言山洋行龙之异。）

高山以起伏为势，而收放亦显，平地以收放为势，而起伏甚微，高山起伏虚设处多，平洋收放虚设处少，高山节节分枝，结咽而不成穴者十之六七，平地或数里或里许，分枝结咽而成穴者十有六七，（高山起伏多，故分枝结张亦多，结地少者，砂势环聚处少也，平洋收放少故分枝结咽亦少，结穴多者平洋有束气即有真结也，此言山洋分枝束气结穴之不同。）

高山阴多，故取阳坦为穴，然传变纯阳，又当散中求聚，取突，平地阳多故取平中一突，然传变纯阴，又当以阴取阳而寻窝，

（此论阴阳形体。）高山性刚济之以柔，故曰：垅葬其麓，传变为柔又当济之以刚，葬巅之法可用平地性柔，济之以刚，故曰：支葬其巅，传变为急，又当济之以缓，葬麓之法可施，（此论刚柔变通。）高山承脉就脉而葬，平地有脊者，亦宜坐高承气，平地穴居中则气聚，（此指平地之窟唇吐口外，及金盘形之穴法言，详见龙体穴形篇。）高山穴形，俯者亦宜居中，（山形俯者穴在低处，居中者脐膺之中，此言承气。）高山以簿为生，变为纯阳又以厚为生，平地以厚为生，变为纯阴则又以簿为生，（此节言兼取统论山洋穴法异同。）

高山忌风吹，平洋无身分合，（即是不开口。）亦忌风吹，平洋嫌水刧（详渡刧篇）高山跌断处无痕影分水亦嫌水刧，高山喜回龙逆结，下砂紧抱，水绕玄武而贴身穴，无小水缠绕，见水之去者则忌，（山龙逆结下砂紧抱，大水在下砂，水缠玄武而去，其贴身自有界穴之水，入首处，必有束气，界脉之干流，平洋逆结亦然，而大水即在穴旁，缠玄武而去者，内无界穴小水，又无束气，俱不成地，故坐低田低地与池浜者，穴后小水，均宜绕至穴前左右会合而去，方合坐穴之法。）高山穴前，水聚天心者贵，平洋向低，水聚天心而有重砂包裹者亦贵，（平洋忌向低者，穴前水不聚也，得水聚天心更有重砂包裹最吉，此言山洋分合水及水缠穴后、水聚穴前异同。）

高山以动为生，平地以圆为活，（山静宜动，凡小来忽大，曲来忽直，直来忽转面，平来忽吐唇，峻来忽平坦，速来忽圆静，皆天然生动之气，圆者动之机活者气之见，穴前之唇，穴后之唇，穴旁之腮与穴外之砂皆有圆转之情，亦是生气，山洋皆然，至平洋或坐水，或扒水或倚于左右，均宜视砂水圆活之处。）高山傍砂点穴，平洋依水寻龙，（此就山洋显见者言，然平洋立穴未尝不配砂，高山寻龙未尝不依水也。）此高山平地同中有异，异中有同也！（以上四节流论山洋异同）

后　记

堪舆学是古代人们对环境的一重选择，是人与自然的和谐相处理论。我们都知道，学习地理首重形峦，峦头为体，理气为用，体用并宜。而历代先哲为我们留下了丰富的峦头著作，在众多的著作中，《山洋指迷》一书，以开面、地步为全书之纲领，包括形势、星辰，阐述形峦的关窍，山洋并论，系统详尽，是初学者必不可少的经典著作。

先师曾云："峦头不佳，理气不合，天星亦无用。峦头，本也；理气，末也；天、星末之又末也"。《山洋指迷·论地理以峦头为本》谓："峦头真理气自验，峦头假理气难凭。故理气不合，而峦头真者，虽有瑕疵，不因为理气不合而不发富贵，理气合而峦头假者，定不因为合理气而发福禄，是峦头为理气之本也，明矣，学者必待峦头精熟，地之真假大小，穴之吞吐浮沉，卓然有见于胸，然后讲求理气，以明乘气立向，控制消纳，征岁运之用亦不可废如峦头未熟，先学理气，虽贵阴贱阳，来生去墓诸说，确确可据，而吉凶休咎，似与峦头无与，往往求福而致祸，舍本遂末故也"。我们学习地里的须知峦头不合，理气纵佳又有何用，阴阳二宅，理无二殊也。

星　影

姚雨方　著

紫微垣

　　紫微宫寝，统万方而独尊，贵格龙神，兼五星而遍历，漫言南北中条之干，先观太祖少祖之山，阁道献天金，突开双脑，传舍涨天水，横列千峰，池滕则遥障东西，路縠则近为关轴，迨乎入道，遂展长垣，左则丞卫弼辅尉至右枢面舞青龙，右则丞卫辅弼之头，杠柄掉破军之尾，玉厨宝匮，帝座镇乎中宫，金釜襆头，甲柱侍乎两畔，龙楼凤辇，叱剥换之奇蹝，金牛转车，惊龙神之旺气，阳脉必结阳基，阳脉必成阴穴，阴穴必承六甲之金，阳基必承帝座之土，六甲金生四辅巨，腹必开窝，帝座土生勾陈金，肘必舒左，若夫尚书柱女，呈玉笏几瑁之形，大理阴德，肖日月龟蛇之貌，天床平如玉案，天太蠹似戟门，气势聚于内垣，禽曜罗为外护，天厨天棓，闪于东边，内阶文昌，列于西畔，斗似北辰镇水口，枪如豹尾销流神，戈辅重作捍门，牢势再为华青，若论大局，银汉弯作后缠，更看远朝，太天揖于左右，欲求征验，岂止寻常，原来此图，惟有悬于天上，要知是局，亦曾遇于人间。

太微垣

上垣既近于朝端，钟灵自当为贵品，祖挺冲天之木，或三或六而如旗，常星辉廉火之光，足掉肢翻而如帐，左虎贲而右郎、将，为地轴而作天关，将、相列若城墙，执法分为门户，回看郎位，势若撒沙，或耸高峰，则小泡堆圆攒马跡，或投平地，则石墩磊砢缀蛛丝，太子束个字中抽，从幸分两旁微翼，到头忽生帝座，顿地突起天财，应孕蛾眉，定生梭子，内屏则齐眉近案，玉几则当面推来，右砂乃绕作卢鞭，余气或双分鼎足，水口一星谒者，收局四面周完，莫讶外案全无，器府之遥青千叠，休笑祖龙斜入，上台之气贯中台。

天市垣

下垣象应乎明堂，间气宜生夫人杰，祖是七公金水，再生天纪贪廉，贯索挨肩，烟花粉黛，女床护峡，玉佩金鱼，远拓星垣，神惊旷阔，右自赵魏而至宋，左则河中而到韩，观其入局之区，忽落低平之面，须开慧眼，莫入迷途，不以右之珠贯玉堆，错承秀气，不以左之金牛玉几，误认真踪，所爱宦者微砂，贴身环抱，则知帝座太阳，紧落高抬，有侯星之右临，势若麒麟双穴，惟座朝之带侧，难收宗土拦堂，岂如金宸后围，不虞枕旷，况乎玉楼列帐，正在前亲，勿嫌右臂水穿，半浸银河之浪，但见临流帛肆，乱堆印笏之砂，斗斛朝侧面之金，如梳如盒，车肆拦横槎之木，如笔如刀，美哉，三垣贵象，岂多选于中区，一乙秀峰，可取裁乎上格，然遗骸受荫，福德主自鬼神，且真气独钟，兴衰凭诸运会，天生英物，必为济世之资，地蕴灵符，不受庸夫之识，彼攟摭绋解，雷雨当拥土而成坟，倘石压灰封，蛟龙或喷流而作洞，听之天命，莫殚人谋。

东方青龙七宿

旋玑玉衡注瑶光，而为布今之始，天门地户指寿昨，而为分野之初，周鼎为武曲之金，侧面流月孛之水，至天田而槎横眠地，若竖起则笏耸高峰，角是贪狼，形多倒卧，平道当腰为节目，进贤前后为乐朝，余气流于天门，平星同为木曜，至库楼而横开大帐，落衡柱而乱绕龙砂，柱是连金，衡为计土，喜南门之案，插笔横戈，羡青邱之罗，蛇回豹尾。

帝席生自瑶光，独尊覆釜，摄提分于帝度，两护眉金，大角高起太阳，亢池低为金水，坡坪或露石齿，湖潭或渡崩洪，亢为武曲双双，行则桐枝对对，护缠短缩，龙真则不忌漏胎，气劈折威，砂环则不妨扫荡，顿载金碳作城门之贪曜，阳门耸帐外之木禽。

招摇则孤曜突起，梗河则月孛斜飞，幸闪跡兮藏踪，落万顷兮百里，忽见天财平脑，来从左角微金，势似逆翻，朝多湖泽，右专剥生作气，太阴乱点群峰，是为阵车，亦名车骑，三三势如抛火，节节连似堆金，虽为扈卫于氏宫，盘回后殿，亦生天辐之托护，侧抱骑官，则一金独坐之将军，宜拨水分砂而细取，似撮乱绳之绪，如抽蟠茧之丝。

下垣韩楚之郊，斜分余气，罚起贪狼之岊，正作中龙，两咸护绕于东西，键闭敛收为息峡，或拟襆金四座，或疑笏木两双，房似弓弯，亦如马走，日轮一点看为乐，木卧双枝绕作砂，钩键虽微，漫疑禽曜，窃恐流于心尾，皆恃此为祖宗。

心是破军兼覆釜，峨峨独立，卒是禄存还带禄，面面多情。

尾为大障，到头或现金钗，势若蟠回，神宫初胎金印，案居隔水，横列文垣，传说镇于城门，鱼龟锁于水口。

下垣当产海之缠，余气溜太阳之仑，箕是天财带火，糠为坠脉流珠，乐应则后借丈人，木杵则斜关金水。

青龙七宿，居辰卯寅三宫，当寿火析三次，或隐伏而顿起尊星，或闪断而忽开大帐，或蛇蟠而顾祖，或玦断而斩关，或出身于贵砂，枝翻为干，或分芽于小峡，干本是枝，或剥换而来，远则千里百里，或脱卸而下，近则一峰两峰，在取意以探珠，莫按图而索骥。

北方玄武七宿

天弁廉头，足跷燥火，建星罡座，枝跃反支，峡右则仙犬天鸡，峡左则玉钱金篇，魁似天财而平脑，柄如金水而反拖，天渊斜出为鼓钟，狗国平浮为牌印，余支南尽于鳖星，真气疑通于箕宿。

祖龙本是三棓，织女斜飞伞火，迨乎渐台方璧，辇道长波，展两旗于左右，起河鼓为中抽，文贪四座是天桴，燥火六星认牛宿，尾开棕叶，头吐铁犁，明堂正对天田，半臂斜回罗堰，望九坎而远为前案，得既济而配合阴阳。

扶筐孤曜，奚仲破军，至天津而足似禄存，头为廉武，有人汉干霄之势，多渡江过水之奇，脉似分于虚宿，气先到于匏瓜，摆折现于瓜珠，金土递为连接，看巨门之侧立，疑作回头，卸右转之诸籓，无非后殿。

虚接天津，化生碎脑，非危禄命，双双墩泡缠来，石齿池塘，节节生蛇流动，横为筊卧起或筒标，哭泣从司命而右环，危非自司禄而左抱，离瑜卓立，借看报捷之旗，垒城璧浮，竟作司更之鼓。

祖认天钩，孤曜斜连扫荡，下生造父，紫气亦带罗喉，至连府而金水秀横，迫入局而护缠分劈，左立破军如破伞，右环杵臼若屏风，窘态起献天金，莫愁拖脚火，盖屋来为禽曜，灵气周完，坟墓忽落左肩，余气尚旺，金包大小，别有洞天，案绕虚梁，簇呈秀丽。

罡头荡脚，螣蛇第一称奇，卧汉横空，腰落须求脱煞，室为贪体，堆离宫而变作辅金，土为水口，包雷电而更为周密，孰知余脉，更发大垣，借霹雳云雨之微墩，抽活动弯环之生脉，开壁阵之大账，百里非遥，撒羽林之碎金，千峰不少，魁铖重为抱，天纲略作关，灵气聚在师门，捉脉须凭妙手，横拦败臼，如双笔之簪花，水电信天钱，似神龟之献璧。

王良则金合伞尖，天廄则圆为，顿鼓浮贪单卧，赖土公以为肱，远釜微呈，认司空以为曜，流气抛于铁锁，土金亦称剪裁。

元武七宿，居丑子亥三宫，当纪枵訾三次，或起自贵砂，而发祖自为大干，或躔拘分野，而气盛可达他州，或远劈贵龙，莫弃到头之貌丑，或载金碳为少祖，须求束峡之清和，或祖恶而远离，自起陂陀为手足，或龙贵而度短，翻借缠护为包藏，或从丑曜生来，跌断而另开大帐，或借他山遥影，补凑而亦自周完，任明眼之搜求，在细心而挹取。

西方白虎七宿

真气自阁道而遥来，争出茨菇之烈焰，高峡从细腰而一束，浑如并突之破鞋，玉几则遥列外屏，金龟则下镇天溷，前仓洄为流气，侧脑天财，庚锁借作外缠，内拖剑曜。

将军作中垣之后殿，破旗与罡曜同看，侧脉泻小峡之军门，两翼夹双更而齐护，金木斜来，包藏独紧，困如翔凤，弯尾而借作边砂，仓似惊蛇，蟠头而借为旁壁，看小金之遥案，露一点之天庚。

天船之生大陵，踪分茅叶，大陵之生卷舌，势出反支，胃劈大陵而来，火头金脚，侧泻天阴而去，面转头回，廪脉则从阴背而抽，困岭则转当朝而见，火尖耸笔，水障横旗，更落蒻藁远开天苑，旷怀千百里，结作省州城，巨武现于两梢，园水绕为一带。

昴从卷舌分支，阿砺双来护峡，如金如水，枭出芦花，如露如珠，纽成纲，月流侧角之蛾眉，州借当前之圭璧。

五车形如珠贯，带罗喉而变作禄存，洩气赖有池潢，到诸王而横开水帐，高街作护，贪巨为从，毕是回龙，长拖珠鬼，身为木体，双出金钗，附非夹筋之馒头，细是流珠之鹤膝，注于天节，则金水旗翻，更落九游，则禄文旈动，回抱天园为水楗，紧怀秀气向珠城。

座文既横截于天汉，祖山必遥渡于江河，司怪则水带木形，天关则自分少祖，盖觜为火宿，故山是罗喉，宜挨剪之多方，看应朝之完固。

参与觜祖若同来，势更翻身而独旺，中峰排涨水，拖如仰瓦而回朝，前股挂双贪，局似窝钳而中冷，伐在旁而生紫气，玉居边

中国传统术数总集 第一辑

而起宝箱，更看余支，皆为官曜，井侧之土双堆，天马之头两举，尿抛浮印，屏卓牙旗。

白虎七宿，居戌酉申三宫，当娄梁沉三次，或粗顽而可怕，须识山高穴亦高，或狞险而偏尊，要自势盛气亦盛，或内周而外缺，宜借两旁，或祖共而宗分，何拘中落，或案自余支绕出，喜其当面回来，或气流更结他山，任其背后隐去，或劈脉分宗，山本微而砂亦终微，或腰结头回，余气贵本身更贵，或双龙齐出，必要大来包小，莫要卑去从高，或两股齐拖，左可借右为砂，右亦可借左作护，智者一凝眸而了然，愚人虽提则瞠若。

南方朱雀七宿

积水山为孤曜，北河旋起破衣，一侯则叠浪横展，水位则斜文边绕，天罇反顿，火焰回头，忽生方顶之高存，四散贪枝之小禄，反支后掉，长股前舒，左溜铇金，前融府土，又分四渎，更列水屏，军市若围城，野鸡则丹流赤灶，弧矢如张伞，天狼则泛海楼船，脉自南河，峰疑另起，狗张牙而掉尾，社障水而兼金，老人则远列城门，子孙则分纤多鱼佩。

爝是天财，来从积水，看如无而宝有，接疑近而还遥，高拥玉箱，小包仄月，廚为六面孤存之案，薪为一丸小釜之关。

柳枝联于鬼脉，一劈单勾，酒旗侧似菱尖，背来后护，看前官之天纪，呈金印于天心。

伟哉！轩辕之大旗，气接上台，赫矣金水之飞蛾，肩生巨轭，张牙舞爪扑遥空，坐怀抱孕成婴姹，后带内屏之土，左趋星宿之金，尾如武曲而杂廉贞，头似廉贞而兼武曲，左天稷兮为鼓，右天相兮为旗。

斜承御女之金，正对轩辕之顶，中为侧脑之天财，旁取插花之贪木，左覆金钟之天庙，右描蛾黛之金瓯。

少微接下台之气，长垣枭柳叶之形，忽作带舞蛇蟠，叠成千峰万岭，孰为头而为尾，知何去而何来，法当截作骑龙，切莫贪其肢爪，一言道破，千疑尽消，前则自水木而生破军，后则自破军而生木水，中居方土，后掉前弯，左右金流，两旁贪夹，宝非双龙之合脉，前乃余气之朝回。

轸当上垣之口，作彼巨土之朝，头似平财，脚拖犁铁，右肩侧挂蛾眉，左股直流仄月，秀色聚于当面，太阳孕于腹中，军门则旁插贪狼，司空则斜抱金水，蜂屯蚁聚，凝眸皆器府之山，低揖远朝，漫天作拜舞之案。

朱雀七宿，居未午巳三宫，当首鹑尾三次，或祖山虽小，要端庄而生发无穷，或护臂虽偏，惟有情而单提亦贵，或星尊而度短，必现怪奇，或龙急而砂无，莫嫌孤丑，或飞舞扑天之祖，兄弟干人，或左分右劈之龙，暗明殊脉，或来山楼闪，远无入首可观，可突现峰峦，乱若奔趋不定，或斩关而中截，则知前者去，而后者来，或中坐而势分，则要来者抱，而去者回，或贵局之砂虽短，能起星即恃在本身，或本身之星既正，得微应即不须远曜，是略言夫梗概，当细究其精微，学道数十年，岂止阅千山万水，悟机在一旦，方许言入室升堂。

二十八宿行度

维天有文之可见，斯地有理之可寻，然地脉献于山川，而气化藏于隐伏，苟脉必中抽，砂必双护，正正堂堂之阵，行行对对之枝，则铁鞋虽铸而徒穿，金媲虽赠而何用，试观中垣之象，龙将入

中国传统术数总集　第一辑

局，莫嫌低小而无峰，行若到头，定起高昂而作座，断穿数节，才煞化而气清，楼闪一旁，必从偏而居正。

上垣之象，其入局也千峰乱撒，不辨谁主而孰奴，一脉细抽，遂见此龙而彼护，惟峡小而主山特大，因收足而发放更雄。

下垣之象，其入局也一片平阳，无从措手，两旁秀丽，最易迷人，惟阳散而难收，必阴聚而始结，虽孤星甚小，不似两旁之气分，惟精敛居中，更异双砂之面侧。

角宿之象，祖山开侧面之星，正龙从山角而出，几疑砂体，或讶他缠，迨将入局，而正脉正星，始识后山之真龙真祖。

亢宿之象，突起尊星，齐回双护，或疑闪结而无余，谁识真龙之更去，试看案横甚紧，始知官不宜飞。

氐宿之象，祖远而斜，峡低而小，欻尔翻身，顿然高大，试从前去，并无如此之尊星，便识此间，却是真龙之结作。

房宿之象，峡当垣口，莫认中宫，龙乃前行，须寻真气，包裹既周于身上，出阳不怕其当风。

心宿之象，老干抽芽，即作本山之峡，龙神横去，难逢正面之星，斩关或取其威严，挂落或怜其细嫩，终踊跃以去，难顿折以求。

尾宿之象，多断连而少峡，认本祖而云遥，须识干中之枝，不是流余之气，孤行既远，若直来则到头必是虚花，分劈虽多，惟逆回则当胸反罗秀丽。

箕宿之象，枝翻作干，同在峡亦成星，度行不长，只为天边是海，似长枝之坠果，如老树之新花。

斗宿之象，龙支反掉，须择中正之星峰，祖宗化生，预识子孙之容貌，到头能开双抱，已自成垣，余支任其转挑，反能障水。

牛宿之象，祖虽面侧，星取势雄，双缠却在中腰，头必不能包护，斜来衔翅，次如有序之鸿，直去抱头，势似脱弦之弩。

女宿之象，历乱万山之中，起小星而作祖，特立旷平之野，耸大曜而分踪，真气虽是角流，贵有迎砂在远，正星或开侧面，定多余气流肩。

虚宿之象，祖虽共于他龙，势大者即分而亦盛，脉虽遥而难接祖顽者必脱而始清。

危宿之象，龙身微渺，要到头特起之高峰，余气潜流，护本身横簪之侧局，本身则以小剥大，余气则以高脱卑。

室宿之象，祖顽而余旺，头大而尾雄，中宫虽不多山，贵在于耸秀，前去虽生障峡，劣在于碎微。

壁宿之象，无护无砂，全靠四围之秀聚，借龙借虎，旁收两局之精神，须知龙拙而气真，莫以孤行而即弃。

奎宿之象，祖是立形，孙为眠体，不怕槎丫之面目，当求真气之中和，哲师乐与盘旋，俗巫见而却走。

娄宿之象，起顽祖而尖斜可怕，脱小峡而罡煞俱融，两护到头，便知气止，若非开面，即送龙行。

胃宿之象，龙先回顾，疑是转关，山出正星，亦流余气，星正者，其余气，必欲回朝而后走，星侧者，其余气多因横泻而为拦。

昂宿之象，行龙叠作反支，真气出于后肘，若认反支而作穴，突背来朝，若知后肘之为龙，前砂皆拱。

毕宿之象，祖山多不开面，开面便识顾孙，本山忽作回头，回头便知顾祖，余气亦能结峡，则远去难休，下手倘得成星，则为拦更贵。

觜宿之象，祖脉隐微，而真在切近，本身渺小，而贵在成星，当于高处求卑，还用大中觅小。

参宿之象，首尾皆卑，主山独旺，三峰簇起，气从两股前流，双鬼齐拖，莫讶反支后掉，是谓小中觅大，贱里求尊。

井宿之象，祖山虽小而尊，大帐虽横而正，出偏抽之峡，用单护之砂，气旺而枝爪偏多，体顽则脱生更美，看前回之余气，地旷必要峰多，喜禽曜之周罗，山稠只取星正。

鬼宿之象，似收而散，虽认余气之纷出，似散而收，自为独旺之全真，每看大地，亦有孤龙，多在气旺之乡，远借他山之助，若贪垣护，并羡蟠回，必璞弃于山中，定珠遗于路侧。

柳宿之象，干剥老枝，必无迎送，龙趋平野，紧在吸呼，看全力之前蟠，无余气之旁洩，形如卧象，兼似眠牛。

星宿之象，祖山飞舞而来，先抛伪穴，断脉侧抽而渡，紧贴单提，侧面峰开，看垂丝之挂下，到头星正，挨枕顶而中裁。

张宿之象，见龙神之遥扑，虽无胎峡而气自来，察星体之端严，虽无缠护，而神自旺。

翼宿之象，展翅横飞，拖肠中落，来者如送，去者如迎，节节同飘，枝枝对出，几乎去来之莫辨，迫入中宫而恍然。

轸宿之象，贵垣在后，何能再起缠护之支，来龙似无，只取本身耸涌之势，莫嫌孤曜，须认尊星，案簇满怀，砂环双臂，是谓前动之局，不妨后脑之空。

噫！化裁出于无穷，兹独言其有象，空齐闭户，读之讶为捉风捕影之谈，古迳攜筇，用之遂成彻地通天之学，参错随其变动，弗求全肖之形，取用在乎神明，须知分析之妙。

变　化

天行不滞，地德常宁，以常宁之地，倒影天心，则精气之吸呼莫爽，以不滞之天，轮照地面，则流光之变化宝多，若执星垣，而拘分野，必以此宫之宿，始应此野之山，必以此方之山，始肖此垣之宿，则所遇亦寥寥矣，夫青龙玄武，白虎朱雀，东南西北之宿也，赖布衣谓鳞类介类，多应于东北，兽类禽类，多应于西南，此亦言其常度，而未及推其变化也，试观天狼蹲于井畔，天鳖浮于斗南，龟为介虫，宜应于北，而龟星则在东方之尾度，蛇为鳞虫，宜应乎东，而螣蛇则在北方之室躔，然则气化之应，物类之象，在天既无定方，在地何拘定位乎？不闻元龟贡于冀北，而烛龙见于海东也，然则山川之纷错于大地中者，其气与星相感，固不拘于分野也明矣，古之人分星纪野，盖以辨天地之脉络，而定其体也，其精气之流行者，用也，用则变化而不知所穷，故星虽紧于一处，而气则散于四方，气虽散而其气中所禀之性，则各通乎星而不断，理固然也，且山之全形，亦难尽肖焉，夫一星也，或祖有似之者，或峡有似之者，或穴有似之者，星之各给而施不穷也，夫一龙也，或祖似某星焉，或峡似某星焉，或穴似某星焉，山之禀殊而貌不同也，故阴聚则为峰麓，阳舒则为田畴，全化而为偏，克转而为生，恶剥而为美，吉换而为凶，象家散取，局在分求，璧固贵无一点之瑕，裘亦宜集千狐之腋，一节两节，一峰两峰，能合星而毓秀钟灵，自发祥而敦厚赫奕，愿鼓瑟者莫谬其柱，告索骥者漫按其图。

干　枝

试看地脉，通寰宇而纷铺，何必龙神，向昆仑而远溯，得来真诀，惟有心裁，但取高大之山，上符星象，遂作此条之干，远看发生，夫中龙突起尊星，而两缠多生贵曜，则中龙为干，而两缠为枝。如紫微垣为干，而上丞少丞两缠之为枝也。其左缠之下生太微垣，右缠之下生天市垣，则左缠右缠本是枝也，而翻为干矣。太微垣天市垣，本是枝中之枝也，而太微垣又生上相上将两缠，天市垣又生河中魏赵两缠，则太微天市又为干，而所生之两缠又为枝矣。然则紫微垣，干中之干也，上丞少丞两缠，干中之枝，而又

中国传统术数总集　第一辑

枝中之干也。太微垣天市垣，枝中之枝，而又枝中之干也，上相上将两缠，河中魏赵两缠，枝中之枝也。或太祖起于贵垣缠护之峰，而少祖自生入首分缠之局，其分缠之余支，起星峰之逆局，如房之生心，心之生尾，则房自为干，心因为枝，而尾则枝中枝也。或两龙同祖，而度无短长，势无正侧，特一龙卑弱，无余气之分流，一龙高强，多余气之散布，则强者干，而弱者枝，如女之为干，而虚之为枝也。或长短两龙，同一太祖，短龙起少祖而独行，长龙从太祖而闪落，有少祖而短者，无余气之分流，夫少祖而长者，有余气之蟠绕，则以无少祖者为干，有少祖者为枝，如胃之为干，而昴之为枝也。或共祖之龙，始则中腰近结，继又挺身远行，则以远行者为干，近结者为枝，如参之为干，觜之为枝也。或两龙同祖，而一结于中腰，一结于垂尾，其度之长短不齐，而结之迟早亦异，则不可以中腰者为干，垂尾者为枝，如鬼之为干，而柳亦干也。或共祖之龙，一则正落而无余气，一则侧落而旺余支，则以正落无余者为干，侧落有余者为枝，如张之为干，而星之为枝也。或各起三祖，齐出三龙，而中龙度短，缠护不长，借左干之砂为青龙，借右干之砂为白虎，惟其势均而力敌，只争盈缩之不同，则不可以中龙为干，以左右之龙为枝，如娄之为干，而左之奎亦干，右之胃亦干也。干愈合而愈大，枝更劈而更微，细看天星，显呈地理，大小因之而辨，贵贱由是而分。

垣　缠

禽无翼而难飞，兽不蹄而曷走，使人而无手足，何以为人乎？故蚓以身结，虺以意行，蛟螭倚云，螣蛇凭雾，虽绝迹而行，亦必有所恃也，此山之所心有缠，或无缠，或缠长，或缠短，或借缠，或单缠，凡流形于地，皆肖象于天也。夫大缠生于祖山之下，尽于合水之前，或围如鸭卵，驰数百里而非遥，合似两弓，包千百山而不乱，面朝而背隐，峰起而势趋，此中垣之少丞上丞，紧夹于华盖，而右枢左枢，环合于天床也。或内直勾，若两手之掬，连立对生，若文武之班，此上垣之上将上相。势开若翅，而左执右执，形合如钳也。或挣开肘展，外紧而内舒，近去远回，右宽而左狭，此下垣之河魏横趋于秦赵，而徐蜀渐合于宋韩也，或短缠惟护少祖，而正龙任其孤行，此摄提之于大角也。或护祖而兼护峡，不护龙而惟送龙，此两咸之于罚键也。或龙身仅护其两节，而正龙漏结于垣前，此两旗之于鼓桴也。或脱祖而来护到头，如插耳而兼为近臂，此两更之于娄宿也。或单缠长绕，叠嶂斜飞，此参旗之于毕宿也。或自本山之后而舒肘，此库楼之于衡柱也。或借前山之绕而露玦，此园游之于天苑也。或锦屏列座而非囚，此五车之于池潢也。或铁甲散堆而非压，此骑阵之于骑将也。若夫虚则借垣于女危也。娄则借垣于奎胃，昴则借垣于胃毕，柳则借垣于井宿也。似夫情而有情，疑无用而有用，忌头斜而背向，忌面挺而处舒。或缠旺而龙微，则两咸之夹罚也。或龙昴而缠俯，则娄宿之带更也。至其贵格，尤可述焉。上垣之执笏执珪，贵显之宅。下垣之带仓带库，猗顿之家，刀剑兜鍪，多生武将，馨钟文笔，定产儒宗。摄提之侧面金星，权衡相府。两咸之风摇铃铎，锁钥禁城。二更之顿鼓堆楼，牧围巡警。双旗之昴头开口，威镇封疆。列官则节节生星，莫误龙神之远去。分藩则峰峰起顶，须审砂体之蟠回。或错或斜，是为娄牛之象。或长或短，且看中下之垣。若东拽而西移，至勉凑而强补。鲜不漏肩漏臂，劫水劫风，高压恶形，背邀杀气。夫贵龙侭见无长护，只要近肘弯肱。假穴何常少两缠，多是转头反面。

形　势

　　物以成形，形随势动。势若将军，则玉楼宝殿，金鸾项阁也。势若天津，则天马嘶风，犀牛望月也。势如郎位，则玉璪旒珠，千丝飞堕也。势如传舍，则玉阶横级，巨浪拍天也。势如轩辕，则翔龙戏珠，飞蛾扑火也。势如螣蛇，则舞燕游丝，翔鸾扫尾也。势如积卒，则黄金锁甲，鸟鸦泼阵也。势如天纪，则芙蓉九脑，斧宸折叠也。势如华盖，则青莲出水，宝伞迎风也。势如奎宿，则佛座荷花，僧毡棕叶也。如紫微，则五星聚奕也。如常弁，则飞鸾展翅也。如库柱，则屯军列队也。中咸池，则楼船出峡也。如天节，则金鸡衔诏也。如三台，则牙旗列阵也。如斗斛，则金牛转车也。如五车，则龙与凤辇也。如座旗，则蜈蚣百节也。如辇道，则金蛇过水也。如垒军，则金殿鸣珂也。如两旗，则卷帘殿试也。如贯索，则锦被连钱也。天阴之为带枪带剑也。天渊之为挟仓拉库也。九坎之为梧桐枝也。陵卷之为杞梓枝也。天棓之为芍药枝也。柳宿之为杨柳枝也。天社之为茅叶也。九游之为芦花也。八穀则如玉梭也。八魁则如翻花也。玉阶则如沙隄也。斗宿则如檀炉也。氏宿则如马鞍也。井宿则为御阶了。危宿则为曲尺也。肆帛则为双尽也。天厨则为工字也。角宿则为王字也。壁宿则九天飞帛也。虚宿则一字玉衡也。星宿则阁门传旨也。帝卒则玉几临轩也。咸罚则推车进宝也。河鼓则上天云梯也。天困如飞凤这昂宵也。天庙如金牛之卧草也。东瓯如仙鹤之垂啄也。离珠如金鹅之趁浴也。尾宿如渴龙之掉尾也。箕宿如玉蝉之脱觳也。翼宿如跃马之扬尘也。天苑如将军之演阵也。天仓如锦屏之障座也。钩键如玉鞭之垂丝也。蒭藁如宝琴之列徽也。

夫正形偏态，不胜图描，诡状奇踪，岂堪枚举，何拘乎巉巖破碎？何拘乎尖射窜飞？何拘乎水淋石露？何拘乎探爪歪头？但合一星之体，即为至贵之龙，最难者全局皆肖星垣，可喜者到处皆分星气，山穴取山，水穴取水，渊潭之底虽深，若倒竖即是水峰，小港汉之角有光，见流神更为秀气，池溇之缠如小宿，江湖之绕若大垣，五行九曜俱全，三垣四兽皆备，任哲师之择取，戒庸夫之妄求。盖凡属山川，尽是形家之说，而再求方向，不谬理窟之宗，升殿归垣，全符九曜，顺生逆克，暗合五行，上也。或形家既肖星垣之美，而理窟稍致纤悉之差，次也。若形既不肖天星，而理纵合乎河洛者，又其次也。

峡

龙格变于峡上，穴形肇于峡中，故贵贱先知，高低可见，皆于峡乎求之，可按星而悟也。夫峡必有两护，其护谓之关轴，惟三垣有关轴之尊，而列宿多偏借之护。凡峡有见于祖山之下者，牛宿之有渐台也，女宿之有败瓜也，毕宿之有天潢也。峡有见于本山之后者，农丈人之于箕宿也，军南门之于娄宿也。有作峡而流为余气者，阵车之于骑官也，钩键之于心宿也。有小峡而能开大嶂者，平星之于库楼也，云雨之于垒壁阵也。此略陈其大概，当例推其化生，流形变气，可略言焉。竖为石笋，平作莲花，中垣之峡也。玉井兰干，蛾眉鱼袋，上垣之峡也。长似垂虹，夹如侍卫，下垣之峡也。天田则尺横腰，知穴之为木体。军门则宝钟呈瑞，知穴之为金形。大角之峡似玉池，应有崩洪螺蚌。天籥之峡如浮壁，散为璎络流星。败瓜之峡似金钗，旁连珪璧。键闭之峡似垂露，双夹旌旗。云雨之峡似棋盘，方为玉印。天溷之峡如宫扇，团是金龟。蒭藁之峡，马跡蛛丝。天阴之峡，飞丝绕电。司怪之峡，珠带长拖，而左护者印佩荷囊。天罇之峡，金鼎足分，�󠁶右护者幡幢旌节。奚仲之峡如华盖。天街之峡似玉绅。奎宿之峡在山巅，束如银锭。天津之峡在峰顶，曲似金桥。虚宿之峡，平如片度，而气从左臂迎来。轩辕之峡，灭似消沤，而脉自右砂送出。郎位如万马之奔驰。天乳似浮沤之细滴。人星立似贪狼，而卧则峡是挺尸。天狗高似飞蛇，而低则峡为茅叶。霹雳之峡，带刀带剑，须剥换而呈祥。建星之峡，反手披头，须脱化而迪吉。

夫变化无端，流行不定，贵是中抽，次从偏出，来呈必凭迎送，东西必借遮拦怕风吹，迎送则不愁水劫，或边无而边有，或暗吸而明抛，分其尊卑，传诸图式。

气

气随脉现，脉挟气行，脉显有形，气隐无象。在阴脉，则气从而发露，若阳脉，则气伏而蒸腾，似不来而实来，似不止而实止，似左而趋于右，似正而趋于邪，或弃无形而取有形，或弃有象而取无象，凡目之所见，不能言之于口，即口之所言，不能述之于书，即书之所述，不能绘之于图，惟历久而始知，在熟极而生巧，君不见夫四余乎？流行地天，而运而不滞，隐而无形，又不见夫星躔乎？一宿必联数星而成座，数星必撒四面以成形，仰看北斗七星，人之所易知也。其四星为魁，其三星为柄，自魁之天枢，而天旋，而天机，而天权；至于柄之玉衡，而开阳，而瑶光，若有线之相牵焉，若有绳之相繋焉，蛛过而丝飖，藕断而丝连，实按之，则形隐而难求，骤观之，则光联而遥贯。譬之于人，如筋络之联骨骼也。若欲见之，则何从而见之，虽不见之，则何尝不奕变而呈于目也。势盈者气长，势缩者气短，势峻者气沉，势坦者气浮，势偏则趋侧，势惊则临边，此从其本山而度之也。或证于干流，或证于细石，或证于头、于翼、于脚、于唇，此从其近而察之也，或参于夹耳兜脐，或参于当胸环臂地，或参于水、于墩、于界、于堂，此从其远而测之也。放则宽，敛则静，细则动，正则闪，横则过，直则冲，俯身而察，登陇而观，细用针盘，详查吉秀，倘可悟于什一，慎毋错之毫厘，噫！山之肖星者固罕矣，即人之知星者亦罕矣，盖亦知夫山之秀丽者，粗拙者，莫不有生旺休囚之气乎？承其生旺，则蒸为瑞木，结为祥珠，非雾非烟，氤氲纠缦，怪则生动物，常则发灵芝，而遗骸受中和之气，还魂魄之灵焉；承其休囚，则过刚而燥烈，木易烬灰，过柔而浸润，砖生荙菌，冷热逼之，风火攻之，而遗骸受垂杂之气，遭消灭之劫焉。彼水涵蚁蚀，盖无气者耳，何足言正，此则言乎其有气者，犹有吉凶之辨也。

穴（上）

星质本为石，仰观之而煜精光，山体本黄泥，远望之而蒙蒙青气，盖其精华之所注，实有呼吸之可通，故言其大概之象。干枝则肖其垣度；峰峦则肖其形势；峡嶂则肖其断续；砂水则肖其包罗；气脉则肖其厘；隐现则肖其光也；若言其精微，则收而作穴，亦无不肖生焉？夫主穴之山固肖之，即作穴之场亦肖之也。今先言作穴之场，夫星之成座者，其长短广狭邪正之势，固不同矣，然必起一星以为之脑，而下则更缀以星焉，此即毬与化生脑之象也。又其星座，必以一星为中宫之主，此即金面罗纹土宿之象也。又既有中宫之一星，则必有两旁包护之星，此即蝉翼之象也。夫穴现中宫，则其上之水，自分于两旁矣，所谓上分也。砂包蝉翼，则其下之下，自合于当前矣，所谓下合也。虽然星象之变，则又有不尽然者，夫井宿之象，宜扦玉井，故穴有泉水，葬之所以用浮筏也。轩辕之象，宜扦御女，故穴有凶煞，葬之所以用泄气也。大角之下有亢池，所以有填筑池潭而作穴也。心宿之象为顽金，所以有开腹取水而作穴也。牛之象，厚则为磊落之石。糠之象，小则为微圆之墩。扶筐之象，险则为巉峭之岩。天田之象，夷则为平铺之度，骤观而讶以为怪，细察而不异乎常，若必规矩之拘，终致神明之梏，惟熟审乎山之变化，星之性情，则造化阴阳运之于掌。

穴（中）

主穴之山，何以肖天星也，盖穴惟四势，钳窝，阳也，而中微露乳突者，阳中阴也；乳突，阴也，而中微露钳窝者，阴中阳也。夫星之象，无非钳、窝、乳、突也，则穴之法，亦无非星象也，姑约略言之，钳之象星者：饶龙饶虎，则文昌也。抄手鞠躬，则贯索也。风吹罗带，则玉良也。虚簷雨滴，则天庙也。赤灶流丹，则野难也。环带领恩，则天鳌也。双燕棲梁，则造父也。俊鹊翻身，则车库也。跛仙跷足，则毕宿也。窝之象星者：象鼻卷云，则青邱也。梳翎展翅，则铁锁也。舞袖扬靴，则柳宿也。挂壁金钗，则灵台也。棕榈凤翅，则天弁也。飞鸟浴鹅，则建星也。穿花蛱蝶，则牛宿也。仙猿抱果，则外屏也。密云布雨，则天将军也。白象埋牙，则轸宿也。乳之象星者：飞剑出匣，则罚星也。风前鼓钩，则钩键也。黄蛇听蛤，则阁附也。钟馗抹额，则奚仲也。懒妇穿针，则杵臼也。隔墙吹火，则参伐也。楼船泛海，则弧矢也。突之象星者：四金相照，则五帝座也。玉鼎飘香，则织女也。息肩传舍，则九坎也。金章传诰，则雷电也。五雷掣电，则骑官也。丹炉覆火，则鬼宿也。至于倒骑顺骑，则象翼宿也。飞边吊角，则象折威也。横梁门釜，则象天桴也。剪火挨金，则象箕宿也。转皮枕乐，则象天仓也。斩关贴脊，则象平道也。外此则不啻千形万状，细案则不离四兽三垣。噫！昧龙势而言穴者，穴必诬，知龙势矣。忘主山而言穴者，穴必谬，知主山矣。昧落头而言穴者，穴必误，知落头矣。忘气脉而言穴者，穴必讹，知气脉矣。昧天星而言穴者，穴不确。夫识天星者，见龙势而预知穴矣，见主山而更信穴矣，石不能惧我也，水不能淆我也，偏侧不能眩我也，丑怪不能蒙我也，且夫知星者，不受龙之诈也。试观角之为象，穴在中腰，取木体之有节而有鬼也，不知者，嫌其弱而去之，随龙而至于库楼衡柱，虽甚端丽，余气而已。奎之为象，穴在顶心，因火体之宜截而宜压也，不知者，畏其强而去之，脱龙而至于外屏天溷，虽为秀美，余气而已。昴宿之象，包裹虽微，而众山攒簇则穴在中宫，不知者，必误寻于天苑矣，天苑未尝无美穴，而惜为昴之余气也。胃之为象，龙支虽反，而本山环抱，则穴在中怀，不知者，必误寻于天囷矣，天囷未尝无美穴，而惜为胃之余气也，知星者，又不受朝案之诱也。试观氐之为象，回顾帝度之贪狼，甚寥寥也，左肩之下，车骑阵车，纷纷然花团而锦簇者，在所充矣。室之为象，平朝雷电之捧诰，甚寂寂也，而前去之嶂，垒壁羽林，累累然棋布而星罗者，不必恋矣。毕之为象，逆对六王之涨水，甚平平也，而肩流之余气，九游天园，绕绕然雾卷而云舒者，不必顾矣，且夫知星者，并受左右龙虎之难也。斗之为象，穴在斗口，青龙反背而驰，而知星者不虑也，进避之则吉矣。柳之为象，穴在掩胸，白虎挺肱而去，而知星者不忌也，高架之则吉矣。张之为象，穴在粘唇，龙虎皆横去而不前抱，而知昨者不弃也，横枕之则吉颖。夫世皆言龙易而穴难，吾亦谓穴果非易也，然细察天星，则亦可不畏其难。

穴（下）

万和之气通乎天，而其形则肖乎山川，而山川又莫不符乎星象，凡山川或有肖乎物者，非山川之肖物，而物之肖山川也，并非物之肖山川，而物之肖星象也，物也山川也，一昨象也，然山川高大而难观，物形渺小而易见，故举物如凤凰狮子之类以例之，则山川可易见也，山川易见，则星象亦了然矣，今人骤与之言星象，而莫不骇且疑也，姑近与之言喝形取象，而后恍然知星象之精微，通其气于物而不必骇且疑也，有如是夫？试观穴之肖夫物者，美人临镜，莫畏池滨，仙子奕棋，须凭山夹，蛾眉双点，或趋一边，粟乳双悬，便亲两处，仙或倚仗僧则礼毡，掌里擎珠，眉间聚印，叠指宜扦拇，侧面要垂瘤，点军须觅坐形，献花须求卧体，足跷则避其底反，手翻则就其骨高，果腹必有脐窠，拱珪必与心对，咬风者头俯，窥帘者身隐，舞袖扬靴，动中求静，曲肱眠股，正处求偏，立坐卧形既有分，上中下法亦应异，若夫砚近黑池，梭丝眼，工安对柄，宀字枕丶，琴安徽轸，帐结流苏，箕欲口平，枕求凹处，香烧鼎内，丹吐灶门，木尺寻弯，浮牌觅贤，弓安丸箭，旗翻腳铃，笛口须吹，带心宜结，钗必双股，帘或单钩，窠坦提盆，乐斜把镂，斗空填口，扇散穿枢，钟当腰掔则鸣，鼓就心敲则震，烛照 天而压煞，釜掀底而排簀，灯挂壁而风不摇，棋临盘而角先下，度平细认折痕，衣乱密求领正，金银之锭取丝晕，双连之钱取叠边。至于蚌唇螺黡，凤卵龟肩，破殼者凶。蟹脐蟹目，鱼口鱼腮，近泉者吉。狮取鼻尾与毯涎。虎寻乱腹与威尾。牛惟腹鼻，肩亦可裁。凤有冠膺，翅还堪取。金鳌露尾，不怕汪洋。海骥昂头，何愁空阔。蜈蚣之钳，带爪折角。蜘蛛之纲，抽丝聚心。蛇蟠求其惊求惊动。舞鹤爱其盘旋。蝉欲蜕则窗门脱开。蚕将眠则唇龈厚启。雁飞则翅展而颈缩。马驻则足跷而鬃回。蟒出洞面临 工。鹊翻身而侧。鸡惊则爪敛。象食则鼻拳。金鹅抱卵而掌舒。眠犬护头而乳露。燕窠宜存卵。豹口欲流涎。麒麟则左右仙宫。鸾凤则雌雄各占鹤啄鳅而味露。虎争肉而口开。更有荷叶之珠漾心。苗叶之珠缀尾。落地窗则近亲正脑。棕栢则内避叶类。荷花正点心。桐叶偏悬颗。仙桃则傍宜带叶。老姜则细取嫩芽。凡此众形，皆符星象，故察其流行，观其变动，星有高悬低溜者，平正危险者，横列直趋者，妍美丑拙者，后凹前削者，后怒前铺者，左右虚实者，呈形不一，变化无方，细考星躔，遍观仙跡，未有吉穴而不符乎星象者也。世传郭氏水钳自出近时董子元遇，非真本也，后人因郭氏有水钳，失其真传，遂假说以附会耳？盖山川能肖天星，固为美格，然天星自有贵贱，宜具别裁，其取天溷为肃幕银钩，得御苑芳英之验，夫贵因贱而始显，若贱而与贵同列，则贵者反不奇矣，夫溷非贵星也，且溷下有尿，其气相通也，今以尿为不洁而去之，然则溷果洁，而后肃莫银钩之验耶！

座盖鬼乐

座也，盖也，龙之直来正结，而穴能串龙者，容有取乎此焉，虽无之，而亦不害其为吉也。鬼也，乐也，龙之横结斜趋，而后则枕他山也，必借乎此焉？虽不拘于大小远近，而不特不正，即无所取矣。故座之为象，原乎五帝之座也。座也。座有正大者，列屏负宸，则氏之象也。座有卑漫步者是，鬼拥钟馗室之象也。雄整而开张者，象天仓也。偏倚而侧凭者，象轸宿也。远离者，天狼之于弧矢也。近接者，御女之于轩辕也。

盖之为象，原乎华盖之杠也。横列者，如拥宝旛，则衡之于库楼也。纷散者，如撒蒺藜，则骑车之于骑宫也。大展而碎涌者，如挂渔纲，则北落之于羽林也。高围而拥护者，如张屏幕，则咸池之于五车也。

夫鬼即在本山之后，而离本山者，非鬼也，非乐也。或山大而鬼小者，平道之于角也。或山小而鬼亦小者，墓之后有短尾也。或山大而鬼亦大者，毕之后有长尾也。考其变态，则一百二十，不觉其多，原其化生，则两三星象，莫嫌其少。

夫乐有特生者，有借助者，体不正而势不亲，不可取为乐也。或山大而乐小者，农丈人之于箕也。或山大而乐亦远且大者，女之借乎虚，危之借乎室也。或龙蟠而仍坐祖山者，势如大嶂，远或数十百里，大或数十百山，玉衡之于紫微垣，心之于太微垣也。乐之变，高或千丈，小或一拳，近或俯窥，远或飘渺，惟特则有情，正则有势，而散乱者伪也，欹斜者虚也。

案拱揖朝应

龙之所止，而前无所拦，则垣散而不聚，局倾而不凝，此近则低，远则高，而有取乎一重两重之案也。紫微之象，天床之案似玉几。太微之象，内屏之案若锦屏。天市之象，市楼之案若楼台。至若亢之案，折威则捧诰也。房之案，积卒如屯军也。斗之案，天鳖如围城也。牛之案，天田如玉帐也。奎之案，天仓如诰轴也。星之案，天庙如挂榜也。若纷乱者杂也，欹斜者伪也。

拱者，穴中所不见之山也。其在砂之外，若紫微之象，天棓则摇头摆尾于左权之外也；太微之象，轩辕则扬威拜舞于上相之外也。其在案之外，若亢之顿阳，则珥笔簪花，在折威之外也；紫微之元戈，则耸身特立，在天仓之外也，星之天稷，则昂头耸尾，在天庙之外也。若探头者贼也，抱头者淫也。揖则穴中所见之山也，整冠纤佩为文班，披甲带剑为武列。故太微之象，左则相而右则将。天市之象，左十一国，而右十一国也。若紫微之象，则又受太微天市之揖焉。胃之天阴，簇队而揖之于右。井之屏星，耸笏而揖之于前，又有稍后者，则侍卫也。张这天相，肃容而立于左肩。毕之天街，挺身而立于右肩也。

朝则案外之山也。紫微以天床为案，而外有梗河之朝焉。太微以内屏为案，而又有轸宿之朝焉。天市以市楼为案，而又有尾宿之朝焉。此皆本身友邻大，而气热足以摄之，故以他局之山作朝也。若夫回龙，则以祖为朝焉。如尾之以心为朝也。天狼之以井为朝也。至于余气之须出而为朝者，室之垒壁阵也，壁之土司空也。余气之逆转而为朝者，胃之天囷也，翼之支流也。

应则远山之特达者，或一峰十峰，或十里百里，如下垣之器府，虚宿之天垒，室宿之败臼，井宿之天社，望若蒙蒙青气，遥同隐隐书图，盖在天无不联之躔度，在地无不贯之山川，引其秀丽，吸其精光，皆穴之所借以为用者也。

唇官堂砂曜罗星

唇者，穴前所吐之气也，穴之余，其气必下泛而如台如毡，如肠如舌，其丑者，横石尖砂，其长者曲支直体，而或则以为此即官焉，牛之唇如犁铁，室之唇如遁锹，奎之唇如累罍，星之唇如交剪，天庙之唇如缺兔，腾蛇之唇则吐舌，张宿之唇则仰龈。

若夫官之为体，紫微太子这官直垂，亢之官斜扭如笏如箕，如菌如筍，稍化唇形，遂作官之象，而变态不能殚述也。

堂者，聚气之场也，穴之琢曰内堂，案之内曰明堂，案之外曰外堂。夫太微备三阳之局，天市受银汉之牵。氐之亢池则澄潭百顷。牛之天田则汗亩千方。毕则收案外之汪洋。参则泛从旁之泉井。井收河渎之水，尤派皆归。翼分八字之流，一勺罕贮。娄宿之堂直泻，幸借外拦。骑阵之堂偪促，惟收山气，肖星而进气者吉，背星而退气者凶。

砂者，左右之卫也，其内则有包穴之蝉翼也，其外则有卫龙之垣缠也，或数重而不为多，或竟地而不为少。太微帝座，两臂相环。天市帝座，一山孤耸。角之砂，短缩而峻雄，势开则不疑其压。尾之砂，有右而无左，头裂而不虑其凶。井宿之砂，戴盆望天印而非断头。天节之砂，带剑而非衔尸。箕之砂，左回而右去。娄之砂，右紧而左宽。斗之砂，内则回头而外出反驰。柳之砂，弯则刺胸而直则扬挺。张砂，横肉而不顾。轸之砂，趋而反挑。若夫曜之近穴者，铁锁之曜在穴左，东瓯之曜在穴右，惟横出而证其气之盛焉。曜之附砂者：钩陈则须水而飘，斗柄则转头而去，天仓则电信、如张翼，天困则曜似反弓，天苑之曜扬靴，毕宿之曜跷足，尾宿之曜开口，轸宿之曜流珠。曜之附龙者：梗河之曜带剑，织女之曜抛珠，车府之曜横榷，螣蛇之曜扬旗。

罗星者，城门之外，水口之拦也。其高者，谓之北辰：若尾之罗，龟鱼如日月也。轸之罗，青肫如豹尾也。斗以丈人为罗也。危以天纲为罗也。参以天屎为罗也。井以老人为罗也。其夹流而峰高者，谓之捍门华青：若天乙太乙之在紫微垣也。噫！言地理而不究天星，犹正影者，忘其臬也，夫少所见，则我所怪，若遇肖星之地，畏而避之，疑而去之，且从而诋之，其识天星为何物哉？兹则仅举其垂象者言之耳，若夫流形变气，虽绘为千图，而亦有所未尽焉。

发微论

（宋）蔡元定　撰

提　要

臣等谨案：《发微论》一卷，宋蔡元定撰。元定字季通，建阳人。游于朱子之门。庆元中伪学禁起，坐党籍，窜道州。卒于谪所。后韩侂胄败，追赠迪功郎，赐谥文节。事迹具《宋史儒林传》。元定之学，旁涉术数，而尤究心于地理。是编即其相地之书。大旨主于地道一刚一柔，以明动静，观聚散，审向背，观雌雄，辨强弱，分顺逆，识生死，察微著，究分合，别浮沈、定浅深、正饶减、详趋避、知裁成，凡十有四例，递为推阐，而以原感应一篇，明福善祸淫之理终焉。盖术家惟论其数，元定则推究以儒理，故其说能不悖于道。如云水本动，欲其静，山本静，欲其动。聚散言乎其大势，面背言乎其性情，知山川之大势，默定于数理之外，而后能推顺逆于咫尺微茫之间。善观者以有形察无形，不善观者以无形蔽有形。皆能抉摘精奥，非方技之士支离诞谩之比也。《地理大全》亦载此书，题曰蔡牧堂撰。考元定父发，自号牧堂老人，则其书当出自发手，或后人误属之元定，亦未可知。然勘核诸本，题元定撰者为多，今故仍以元定之名著于录焉。

乾隆四十六年十月恭校上

总纂官：纪昀陆锡熊孙士毅

总校官：陆费墀

刚柔篇

易曰："立天之道，阴与阳"，邵氏曰"天之道，阴阳尽之矣，地之道刚柔尽之矣。"故地理之要，莫尚于刚柔。刚柔者言乎其体质也。天地之初固若漾沙之势，未有山川之可言也。而风气相摩，水土相荡，则刚者屹而独存，柔者淘而渐去，于是乎山川形焉。凡山皆祖昆仑，分枝分脉愈繁愈细，此一本而万殊也。凡水皆宗大海，异派同流愈合愈广，此万殊而一本也。山体刚而用柔，故高耸而凝定。水体柔而用刚，故卑下而流行。此又刚中有柔柔中有刚也。邵氏以水为太柔，火为太刚，土为少柔，石为少刚，所谓地之四象也。水则人身之血，故为太柔。火则人身之气，故为太刚。土则人身之肉，故为少柔。石则人身之骨，故为少刚。合水火土石而为地，犹合血气骨肉而为人，近取诸身，远取诸物，无二理也。若细推之，凡涸燥者皆刚，坦夷者皆柔。然涸燥之中有夷坦，夷坦之中有涸燥，则是刚中有柔，柔中有刚也。凡强急者皆刚，缓弱者皆柔。然强急之中有缓弱，缓弱之中有强急，则是柔中有刚，刚中有柔也。自此以往，尽推无穷，知者观之，思过半矣。

动静篇

其次莫若明动静。动静者，言乎其变通也。故凡天下之理，欲向动上求静，静中求动，不欲静愈静，动愈动也。古语云"水本动欲其静。山本静欲其动"，此达理之言也。故山以静为常，是谓

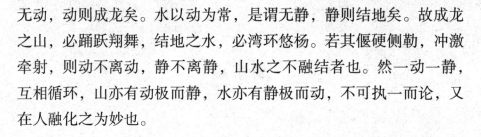
无动，动则成龙矣。水以动为常，是谓无静，静则结地矣。故成龙之山，必踊跃翔舞，结地之水，必湾环悠扬。若其偃硬侧勒，冲激牵射，则动不离动，静不离静，山水之不融结者也。然一动一静，互相循环，山亦有动极而静，水亦有静极而动，不可执一而论，又在人融化之为妙也。

【点拨】

动静是相对的，只有相对才是永恒存在的，山主静，水主动但改变常态动静相间，互相循环形成龙势，风水生也。

聚散篇

其次莫若观聚散。聚散者，言乎其大势也。夫山川融结自有天造地设，障空补缺，不陷不跌。故小聚则地小成，大聚则地大成，散而不聚，不可以言地矣。何谓聚？山之所交，水之所会，风气之常藏也。何谓散？山之所去，水之所难，风气之所散也。今之言地理，往往多论地形之巧拙，而不明聚散。大势若聚，则奇形怪穴而愈真正。大势若散，则巧穴天然而反虚假。历观古人之葬，大抵穴多巧怪，非好怪也。良由得山水之正，则怪穴所为常也。今人于大聚之中，或乃拘于形穴而不葬者陋矣。然有大势之聚散，有穴中之聚散。大势之聚散见乎远，穴中之聚散见乎近，是二者有相须之道焉。

【点拨】

在风水上，依汇聚来分地的大小也是一个重要的标准，"大地看势聚，小地观形状"在真假方面，也是依靠汇聚来评定，形势不聚，纵是是地也为虚假。

向背篇

其次莫若审向背。向背者，言乎其性情也。夫地理之与人事不远，人之性情不一，而向背之道可见。其向我者必有周旋相与之意，其背我；者必有厌弃不顾之状。虽或暂焉矫饰，而真态自然不可掩也。故观地者必观其情之向背。向者不难见，凡相对如君臣，相待如宾主，相亲相爱如兄弟骨肉，此皆向之情也。背者亦不难见，凡相视如仇敌，相抛如路人，相忌如嫉冤逆寇，此皆背之情也。观形貌者得其伪，观性情者得其真，向背之理明而吉凶祸福之机灼然。故尝谓地理之要，不过山水向背而已矣。

【点拨】

向背是一种山水性情态度问题，向我者有情，背我者无意。穴场与周边的环境和人世间的关系一样，吉就在次断。

大方面的向背作为判断地真假好坏的标准之一是必不可少的。

雌雄篇

其次又当看雌雄。雌雄者，言乎其配合也。夫孤阴不生，独阳不成，天下之物，莫不要相配对。地理家以雌雄言之，大概不过相对待之理。何以言之？山属阴，水属阳，故山水之融结，必遇水之湾环，势虽顺水而来，形必逆水而就，此山水相对有雌雄也。然山之与水又各有雌雄焉。阳龙取阴穴，阴龙取阳穴，此龙穴相对有雌雄。阳山取阴为对，阴山取阳为对，此主客相对有雌雄也。其地融结，则雌雄必合，龙、穴、砂、水，左、右、主、客必相登对。若单雌单雄不相登对，则虽或结地，必非真造化也。《经》曰："雌雄相喜，天地交通"。又曰："雌雄不顾不劳看"，古人多以此为要妙，亦天地自然之理也。

【点拨】

雌雄也就是阴阳，什么事情都有相对的一面。孤阴独阳都不能形成好的穴地，辩证论述每个事情都有两面性，万事万物都一样。

强弱篇

其次又当辩强弱。强弱者，言乎其禀气也。夫天下之理，中而已矣。太刚则折，故须济之以柔；太柔则弱，故须济之以刚。刚柔相济，中道得矣。论地理者，必须察其禀气，禀偏于柔，故其性缓。禀偏于刚，故其性急。禀刚性急，此宜穴于缓处，若复穴于强急之处，则必有绝宗之祸。禀柔性缓，此宜穴于急处，若复穴于弱缓之处，则必有冷退之患。强来强下则伤龙，弱来弱下则脱脉。故立穴之法，大概欲得酌中恰好的道理，不得倚于一偏，偏便生出病来。然非权衡有定，则亦未易语也。

【点拨】

地理讲的便是天下之理真阴阳，阴中有阳，阳中有阴，只有变化的才是真实是的，点穴的法窍便是强中取弱，弱中取强，相互变化中取出最佳的有情点，及是真穴位。

顺逆篇

其次又当分顺逆。顺逆者，言乎其来去也。其来者何？水之所发、山之所起也。其去者何？水之所趋、山之所止是也。知来去而知顺逆者有矣，不知来去而知顺逆者未之有也。夫顺逆二路，如盲如聋，自非灼然有见，鲜不以逆为顺，以顺为逆者矣。要知顺山顺水者顺也，所谓来处来者是也。逆山逆水者，逆也，所谓去处去者是也。立穴之法，要逆中取顺，顺中取逆，此一定之理，不可改易。若又推而广之，则龙有顺逆，脉有顺逆。顺龙之结穴者必逆，逆龙之结穴者必顺。此亦山川自然之势也。大抵论逆顺者，要知山川之大势，默定于数里之外，而后能推顺逆于咫尺微茫之间。否则黑白混淆，以逆为顺，以顺为逆者多矣。

【点拨】

顺逆是龙对于山水的方向，相对大势而言，立穴之法，要逆中取顺，顺中取逆，此一定之理，不可改易，这也是重要法则之一。

生死篇

其次又当识生死。生死者，言乎其取舍也。夫千里来龙，不过一席之地。倘非以生死别之，则何所决择哉？生死之说非一端，大概有气者为生，无气者为死。脉活动者为生，粗硬者为死。龙势推左则左为生右为死，龙势推右则右为生，左为死。又有瘦中取肉，则瘦处死而肉处生。饱中取饥，则饥处生而饱处死。凡此之类，在人细推之，生则在所取，死则在所舍。取舍明而后穴法定，穴法定而后祸福应。若生死难辨，取舍何当，则非达造化矣。

【点拨】

龙的生死依气脉为主，气脉确定，取不同处为生，同处死地也，众山高来一山低，众山小来一山高，左右生死，胖瘦生死，都需详细推之，弃死取生，趋吉避凶，才能达到准确点穴，祸福神应也。

微著篇

其次又当察微著。微著者，言乎其气脉也。夫气，无形者也，属乎阳，脉，有形者也，属乎阴，阳清阴浊，故气微而脉著。然气不自成，必依脉而立。脉不自为，必因气而成。盖有脉而无气者有矣，未有无脉而有气者也。《经》曰："气乘风则散，脉遇水则止。"无脉无气者，水害之也。有脉无气，风乘之也。善观气脉者，以有形察无形。不善观者，以无形蔽有形。盖无形只在有形之内，但智者所见实，故于粗浅而得其精微。愚者所见昏，故荒忽茫昧而不晓。岂知四水交流则有脉，八风不动则有气，此有目者所共见，有心者所共知，而术之至要，初不外是也。

【点拨】

微著者依气脉的阴阳，大小等微小处分辨。要用心来细细辨之。反复讲解坐地的细微出，显示做地之不易，思路之清晰，事情之重要。

分合篇

其次又当究分合。分合者，言乎其出没也。夫脉之为脉，非徒然而生，顿然而有。其出也，必有自然之来，则有分水以导之。其没也，必有所止，则有合水以界之。郭氏云："地有吉气，土随而起。支有止气，水随而比。"又曰："支之所始，气随而始；支之所发，气随而钟。此古人论气脉之源流也。气随土而起，故脉行必有脊。气随水而比，故送脉必有水。气起于支之始，故上有分，脉钟于支之终，故下有合。有分有合，则其来不真，为其内无生气可接也。有分无合，则其止不明，为其外无堂气可受也。有分有合，则有来有止，有出有没，则龙穴融结；的定无疑，然后为全气之地也。然有小分合、大分合。其地融结，有三分三合。穴前后一分合，起主至龙虎所交二分合，祖龙至山水大会三分合也。小合则为小明堂，大合则为大明堂，合于龙虎内则为内堂，合于龙虎外，则为外堂，其合一一不相乱，如此是又不可不知也。"

【点拨】

分合是对气脉而言，无分没有合，有分有合才能形成龙真穴地，才能开帐出脉，《山洋之谜》开篇便将分合，分合相对，地步大小，全在次辨别。可见分合之重要性，三分三合，藏风聚气，龙虎相向地之可求也。

中国传统术数总集 第一辑

浮沉篇

其次又当别浮沉。浮沉者，言乎其表里也。夫脉有阴阳，故有浮沉。阳脉常见于表，所谓浮也。阳脉常妆乎里，所谓沉也。大抵地理家察脉，与医家察脉无异，善医者察脉之阴阳而用药，善地理者，察脉之浮沉而定穴，其理一也。夫三阴从天生，以其阴根于阳也，故阴脉必上小而下大，其出口也必尖。三阳从地出，以其阳根于阴也，故阳脉必上大而下小，其出口也必圆。后之观脉者不必问其何如，但见口尖者皆阴，其脉浮于表，口圆者皆阴，其脉沉于里。此一定不易之法。若又推而广之，则凸者脉浮，凹者脉沉，微细者脉浮，粗重者脉沉，众高一低者脉浮，众低一高者脉沉，以此相乘除，则阴阳之理得矣。

【点拨】

浮沉是指地脉的阴阳和视角而言。阴脉是显露上浮的，阳脉是下沉潜藏的，只有搞清气脉的阴阳浮沉，才能对应找到穴的位置。在细微处推辨，则得阴阳之理穴之位置。

浅深篇

其次又当定浅深。浅深者，言乎其准的也。夫浅深得乘，风水自成。故卜地者，必以浅深为准的。宜浅而深，则气从上过，宜深而浅，则气从下过。虽得吉地，而不应者，为此故也。大概先观来脉之阴阳，次看四山之从佐，且如来脉入首强，作穴凹，出口圆，此皆脉浮而属阳也。来脉入首弱，作穴凸，出口尖，此皆脉沉而属阴。故曰："浅深得乘，风水自成。"深浅之法多端，至理莫过于是也。切要辨认入首阴阳，虾须界合明白，若当深而浅，当浅而深，差于咫尺之间，反吉为凶矣。《经》曰：地吉葬凶，与弃尸同，正此义也。世俗装卦例而九星，向法以定尺寸者，大谬也。

【点拨】

深浅指葬法中的深浅，葬深气脉从上走了，葬浅气脉从下过去，深浅不当，地吉葬凶，与弃尸同，一般气脉浅葬浅，气脉深葬深。不移之理也。

饶减篇

其次又当正饶减。饶减者，言乎其消长也。夫龙虎左右各有饶减。然饶减龙虎者何哉？此消长阴阳之义也。饶减之法，大概以先到者为主。龙山先到，则减龙而饶虎，其穴必居左。虎山先到则减虎而饶龙，其穴必居右。盖山水关锁，必须交固，然后气全。穴左则取左山为关，须右边水过宫锁断，所谓阴锁阳关也？穴右则取右山为关，须左边水过宫锁断，所谓阳锁阴关也。惟有朝山朝水，则顺关顺锁不妨。若横水过宫，则逆关逆锁方善，断不可改易也，毫厘差谬，祸福大远，可不审哉！

【点拨】

饶减是指葬法，地又不足，以先到者为主。龙山先到则减龙而增虎，其穴必居左边。虎山先到则减虎而增龙，其穴必居右边。

趋避篇

其次又当详趋避。趋避者，言乎其决择也。夫天下之道二，吉凶善恶常相半，不能皆吉也，而必有凶；不能皆善也，而必有恶。故人之所遭有不齐也，既所遭之不齐，则必有以处。趋吉避凶！去恶从善是也，地理亦然。夫山川之所锺，不能皆全，纯粹之气不能无所驳杂。既不能无所驳杂，则妍媸丑好，纷然前陈，亦其宜耳。然而山川之变态不一，咫尺之移转顿殊，或低视而丑，或高视而好，或左视而妍，或右视而媸，或秀气聚下，而高则否，或情意偏右，而左则亏。

【点拨】

趋吉避凶有所选择，不是所有的地都是很完美，根据选地的规律，仔细分辨才能找到好的穴点，为其所用。

裁成篇

其次又当知裁成。裁成者，言乎其人事也。夫人不天不因，天不人不成。自有宇宙即有山川，数不加多，用不加少。必天生自然而后定。则天地之造化亦有限矣。是故，山川之融结在天，而山水之裁成在人。或过焉，吾则裁其过；或不及焉，吾则益其不及，使适于中。截长补短，损高益下，莫不有当然之理。其始也，不过目力之巧，工力之具；其终也，夺神功改天命，而人与天无间矣。故

善者尽其当然，而不害其为自然。不善者，泥乎自然，卒不知其所当然。所以道不虚行，存乎其人也。

【点拨】

山川之融结在天，而山川之裁成在人。凡事在于人，无法改变的是自然，改变的是我们的心态，我们的自身素质，这也是大师留给我们在风水之上的哲理。

感应篇

其次又当原感应。感应者，言乎其天道也。夫天道不言而响应，福善祸淫皆是物也。谚云："阴地好，不如心地好。"此善言感应之理也。是故求地，者必以积德为本。若其德果厚，天必以吉地应之，是所以福其子孙者心也，而地之吉亦将以符之也。其恶果盈，天必以凶地应之，是所以祸其子孙者，亦本于心也，而地之凶亦将以符之也。盖心者，气之主；气者，德之符。天未尝有心于人，而人之一心一气，感应自相符合耳。郭氏云，吉凶感应，鬼神及人。人于先骸，固不可不择其所而安厝之，然不修其本，惟末是图，则不累祖宗者寡矣，况欲有以福其子孙哉？地理之微，吾既发明之，故述此于篇终，以明天道之不可诬，人心之所当谨。噫，观是书者，其知所戒哉！

【点拨】

阴地好不如心地好，道出风水的最高境界，作为全篇的最后一章，规劝天下所有人，好地不如好心态，好品德，吉气感应，鬼神及人，天地人统一和谐幸福，若不修得，福未到而祸先至。

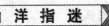
怪穴论

徐善继　徐善述　著

　　夫怪穴者，异常之穴也。真龙藏幸，穴多异常，人难测识，故曰怪穴。实乃造化隐机，以俟有德。故凡大地，多是怪穴。但常穴易安稳，怪穴多侥险；常穴虽时师犹可知，怪穴非法眼不可辨。若识怪不真，为害不浅。本欲置之不谈，尚恐庸师嗜利者，籍口奇怪，黎首饮鸩。又思自认聪明者，索隐好奇，置身险地。是以将言复辍，欲罢不能。谓如隐秘而不谈，孰若直陈而破惑？敢将师诀，参以己知，立歌补注，用述其概云。

怪穴破惑歌

真龙藏幸穴奇怪，俗眼何曾爱？天珍地秘鬼神司，指点待明师。

注：藏者，晦而隐也。幸者，谲而险也。盖真龙融结，福量非常，故其为穴，亦殊常格。潜踪闪迹，韬光敛华，而为诡异形穴，若有闭藏之状，不使时俗易识，故曰藏幸。厉伯韶云："天机好处从来秘，不教俗眼识其奇。"然大地吉穴，人不易识。若天地之有

呵护以待厚德，不轻与人者。苟非明师深契奥妙，何以发天地之隐，泄鬼神之机哉！陈氏名策，号灵泉，银邑人云"地出生成捉穴易，不须师管郭。地逢怪异穴难扦，遂要遇神仙"是也。但怪穴虽待明师而后扦，名师亦必积德而可致。故积德为图地之本，良有以也。苟使穴皆不怪，人皆可扦，则为恶之家亦可以得吉地，岂造化福善祸淫之微意哉！

明师堪破玄机诀，秘密不敢说。恐君缘福或轻微，指出反惊疑。

注：天造地设，或好地丑形，或好形丑病。如杜后无齿，侍周王则生；钩弋手拳，遇汉武则伸。俟其人耳。明师之识怪穴，怪穴之待明师，岂偶然哉！但此等大地，明师虽能识之，奈何形穴怪异，隐晦殊常，苟非阴功重厚，福人庆门，虽有曾杨之能，周孔之地，献之必不受，告之必不信，反致掩口胡卢，或惊骇疑怖，甚至讪谤诋毁而咎之。若吴国师景鸾献中干地，而反遭禁锢者，世岂少哉！何也，诚以此等大地，非浅福薄德所宜受用。苟不度德而妄献轻指，则天地鬼神加怒，而地师反遭祸害。故明师虽遇此真龙大地怪异之穴，必须珍重，毋得轻泄，以取祸愆。赖氏云："世降风移人少淳，大地相逢勿轻许。"廖金精云："世人将信又将疑，枉自泄天机。"

地有奇巧有丑拙，总名为怪穴。巧是穴形美且奇，地位使人疑。拙是穴形媸且丑，狐疑难下手。高人造化蕴胸中，巧拙尽玄通。

注：真龙之融结，有处于非常之地者，谓之巧。有结为诡丑之形者，谓之拙。总名曰怪穴，惟高术之士能明之。

大凡怪穴有跷蹊，龙要十分奇。

认得龙神的的真，怪穴始堪针。

注：怪奇以龙为取舍，故必有十分美龙，方可下之。不然则多谬戾，祸不旋踵。《经》云："龙若真兮穴便真，龙不真兮少真

穴。"又云"恐君疑穴难取裁，好向后龙身上推。龙上生峰是根核，前头形穴是花开。根荄若真穴不假，盖从种类生出来"是也。

巧穴巧穴何巧穴，仔细与君说。

或然高在万山巅，天巧穴堪扦。

注：地有结于万仞山巅而为天巧之穴者，张子微云："第一天巧最高穴，常人惧怕轻弃撤。只言高处穴难安，不知巧穴有真诀。天巧山顶分龙虎，峻地平夷有门户。人到穴中有半天，四望百里堪摘取。此地神童及状元，子子孙孙皆过府。"释之者曰："穴不在天而名曰天巧，以其高出云霄，如在天上，故曰天巧。每见龙穴湫窟、仙祠佛宇，多在崇冈叠岭之上。登山或数十里，或二三十里，多至五六十里，方见窟穴宫室。所在莫不别有天地境界。观其龙穴，其为龙宫，其为仙庙，其为佛刹，各随其宜，不可更革。盖天造地设，逞奇显异，山上出泉，冬夏不竭。峰巅有田，多至万顷。未经开荒，则长林茂木、恶蜂、毒蛇、鬼神占护。及其缘会遇合，则风霆开霹，鬼神剪除，长径屈蟠，广途平坦。此造化之玄也。天巧之穴，无以异此。"信哉，言也！是故凡天巧之穴，虽在高山，及登其所，豁然开阔，局势宽平，如在平地，不知为万仞山巅。但见四面八方，献奇列秀，如三千粉黛、八百烟花，次第罗列。城郭周完，朝案重叠，明堂团紧，左右环抱，三阳具备，诸吉拱护，水不倾泻，穴不孤寒，乃为真结，力量极大。上格贵龙，乃为禁穴，或出圣贤；中格龙亦能出将入相、皇妃国戚、神童状元、满门朱紫；下格龙无此融结也。予兄弟所见者，如汉高祖祖地在宁都县灵云山牙鼓峒见朝州府郡《志》及《一统志》、旧名虔州府虔化县，朱夫子祖地在婺源县官坑岭金斗形梁上穴，范文正公祖地，在苏州大湖格名万笏朝天，及吾邑廖公下张氏白牛坦祖地出一文一武一神仙：张忠定公焘为参知政事，文也；甲公忠利侯，武也；紫琼真人张君范，仙也，泉州曾丞相公亮祖地番天马蹄形，皆其格也。大抵此等地，要穴场极暖，虽在高山，不知其高则善。否

则，据高挹秀，未免风寒，又多结为神仙窟宅。如太和山之玄帝宫、九华山之地藏殿、匡庐天池寺、雁荡罗汉岩，与夫武夷天游、西华仙掌、太华三仙、黄梅四祖等处，皆天巧穴也。凡修佛，亦须择取名山，然后以成道。盖亦收山川之灵秀耳。人尝谓"修仙先要选名山如许真君炼丹洞，郭景纯选酉山金氏宅而后成道，切忌孤峰四望寒。请君古来成道处，洞天福地不寻常古云"天下名山僧占多"不其然乎。"

或然低在深山里，没泥穴可取。

注：地有结于平田污下之处者。廖金精曰"藏龟闪迹在田中"是也。张子微谓之天平穴。中原平洋之地，龙行地中而不可见，间露毛脊，为石骨，为墩阜。及结穴处，亦要高下分明，此亦名为没泥龙蛇，藏蛰于泥，时有毛脊露出泥外，取其不见龙身，间露一二，知其为蛇龙之蛰藏耳。此格全在观水势以寻穴。故杨筠松云"平地龙神因水势"，又云"凡到平洋莫问踪，只观水绕是真龙。"但龙平田散乱难见，而又杂以沟洫，诸水纵横，未易检点，必心目聪巧，而后可识。不然，亦水边日耳。

或然孤露八风吹，登穴自隈聚。

注：廖金精云："坐空转面去当朝，不怕八风摇。"然亦不可穴上受风，登穴隈聚则善也。张子微天风穴云："八风可至之地，望之若寒，即之则温；望之似露，登之则藏。"《发挥》云："山峻穴高，盖于峻中求平；山露穴出，盖以两肩有蔽。"似于孤露受风，其实则藏风聚气，此所以吉。俗眼不识，嫌其露也。

或然直出两水射，临穴有凭借。

注：杨筠松云"亦曾见穴直如枪，两水射胁似难当"是也。然两水射胁之穴，必要当水射处，或有石曜冲出，或有山头夹照，穴间不见水来，故曰"临穴有凭借"。

或然结在水中央，四畔水汪洋。

注：杨筠松云："也有穴在深潭里。"卜氏云："水底穴，必须

中国传统术数总集 第一辑

道眼。"谢子期释之曰:"水底之穴,甚难寻究,必是来脉精奇,踪迹怪异,自然超拔,与众不同。脉迹奇异而来,临于深渊大泽,忽然隐脉,必其穴生水底,惟道眼者知之。"张子微亦云:"要知水巧在何处,行水中间龙脉系。或见或隐或夹流,寻得龙来穴无地。居然却在水中央,百个山人无一喜。正缘见脉不分明,巧在水中难指耳。"诚如诸公所说,则安穴水里。以愚庸见,则为不然。尝究廖金精《怪穴破惑歌》云:"捉月虽云在水中,还要土来封。"正恐人以水中安穴,而不能用土封耳,故指出。穴在水中,四畔皆水,乃是水中突出山阜,于山阜上结穴,而四面回环周帀,皆汪洋巨浸,即是穴在水中,为水巧之穴。不可悮作穴安水底,方为水中怪穴。且天地间安有水中作穴扦葬之理?苟或有之,亦行险侥幸,仁人孝子岂忍以亲体置之水中,而自取悖逆之罪,以希图富贵哉!蔡西山亦尝有云:"水巧之穴,尤其难见,亦且难信。宇宙之间,水中融结固不多见。扦于水中,尤属罕闻。或者舍山而就水,舍高而就低,理则有之,亦须龙穴真的无疑方可。不然,反成绝穴。况扦于水中乎?非审詧地理精熟透彻,何敢以前人体魄尝试险穴?"诚确论也。

或然结在顽石里,凿逢土脉取。

注:张子微云:"也有石山石片漫,皆无寸土穴难安。不合龙真难舍去,寻趣十日无足观。此名天完混沌气,龙皮粗厚头面干。时人莫道无草木,不知童山是两般。童山土色细杂碎,可栽木植生长难。天完之地无缝路,荡荡光滑如削刓。却须回环四兽地,自有土润草木山。只有相当作穴处,头面漫漫皆石盘。石必有缝可镌凿,石板之下有土山。若得土时穴须浅,不必深凿入其间。"是谓穴结石里也。但顽石漫漫,不易测识。苟非高术法眼相度,安知顽石之下,可以凿缝土而安柩哉!故卜氏云"石间穴贵得明师。"

或然有穴瞰泉窍,葬后泉干燥。

注:真龙气旺,故结穴完而其气又有余盛,从而漏为灵泉。张

中国传统术数总集 第一辑

子微所谓"龙气之旺，迸裂不禁者"是也。亦谓之"龙漏穴"，本是真龙漏天地之秘，示人以自然之穴。但造物玄机，以泉惑人，故未易测。然其泉亦必甘美异常，又非冷泉险溃之比。西山云："泉有数种，惟冷浆泉不可灌溉，不堪盥俯，不入炊饮，滋滋浸渍，清不能澄，浊不能混。此无用之泉也。红泉之地，不可取用，恐有银脉。腥泉之地，不宜留意，恐有铁矿。温泉、醴泉则旺气已钟于泉，不复成地。若泉清，可椒，可瀹，可灌，澄之愈清，混之难浊，春夏不盈，秋冬不涸，皆泉水之美者也。穴适值此，则为佳脉。瞰泉窍上弦以治穴纳棺，此泉必缩为生气，不复流注。若夫得雨则盈，雨霁则涸，望之似可扬尘，践之或可没胫，此不潴之地，地脉疏漏，最为无用。或春夏有泉，秋冬干涸；或雨则泉迸，晴则泉干，皆不足用。故穴逢龙漏，又须论泉而后论地，泉吉而穴吉是也。然亦不必拘于葬后泉干，亦有不干而吉者，但要泉美为准耳。

或然有穴逼水边，葬后水城迁。

注：龙真穴正，不幸而逼近水涯，或水冲割，此亦造化留心待人主耳，故葬后水徙而吉。卜氏云"水有陵迁谷变"是也。《史记》："晋郭璞葬母于暨阳，去水百步，人以为言。璞曰：'当即为陆矣！'其后沙涨，皆为桑田。"

或然有穴居龙脊，骑龙贵无敌。

注：廖金精曰"骑龙须要居龙脊，龙住应无敌"是也。盖骑龙穴力量最大，乃龙气旺盛，故结穴后犹有余气之山。以其穴不居尽处，故曰骑龙。旧说前去山皆不结穴。予兄弟见仙迹骑龙穴结后，再去山多有结作，但力量有大小，受穴有正副不同耳。如吾邑吴国师为十院张氏下一骑龙穴，在新营河南五里，土名乌石源，出张忠定公煮，为宰执。甲公封忠利侯，进士五十余人。其龙结穴后，复起大山，去土名桃芝源，又结董德彰下金鹅抱卵形地，出尚书省斋公张宪。又如绩溪县汪五祖地，将军踏弩形；景德镇刘御史祖地，猛虎下山形；福建林见素尚书祖地，凤凰衔书形等穴，皆

是骑龙，结穴后复去，俱结富贵地，实皆仙迹可证者。盖以龙气极旺，故余气透漏，犹有融结耳。古歌一篇，论骑龙穴意颇详尽，坿录于此。

歌云：三十六座骑龙穴，不是神仙难辨别。水分八字两边流，且到穴前倾又跌。无龙无虎无明堂，水去迢迢数里长。玄武虽端气还过，庸师安敢忘评章？真龙踊势难顿住，结穴定了气还去。就身作起案端严，四正八方皆会聚。外阳休问有和无，只看藩垣与夹扶。左右护龙并护水，回环交锁正龙居。或作龟背或牛肩，或作鹤嘴蜘蛛肚。凤凰衔印龙吐珠，天马昂头蛇过路。前案不拘尖与圆，或横或直正无偏。但寻真气居何地，认取天心十道全。或在平阳或溪湾，或在高峰半山上。或然山连千万重，或然水去千万丈。神仙方识此规模，自可一湖通百湖。巧目神机扦正穴，何须逐一看沙图？教君细认毋怪奇，左右缠护不曾离。水虽前去三五里，之玄屈曲合天机。更有异穴倒骑龙，前后妙在看形容。千变万化理归一，尽在高人心目中。要妙无过捉气脉，吉凶祸福分黑白。君如下得骑龙穴，百子千孙非浪说。骑龙之穴福非轻，世代富贵无休歇。状元及第总堪夸，将相公侯盈帝阙。

按：歌理攸当，但三十六穴之说则拘矣，学者不可泥之。

或然有穴截龙脉，斩关古有格。

注：斩关穴者，乃斩截行龙气脉而结穴也。盖龙之大势已去，旺气暂驻，亦成星辰，有形穴可下，故斩气截脉下之，非勉强斩截龙脉而立穴也。此地发福极快，但不悠久。盖为龙尽处自有正穴，故尔。《经》云"假穴斩关莫道真，正穴真形都差了。京口丹徒之后山，常有云气聚其间。曲阿之中有一穴，却被刘翘斩一关。斩关之穴始于此，只得二代生龙颜"是也。曲阿在丹徒县，即刘裕父坟。

或然有穴在湖滨，秋冬始见真。

注：穴有结于湖滨者，春夏水涨之时，四望皆水。直至秋冬水

退，而穴形始见。如认龙真，亦可用之，不畏其卑湿也。杨筠松云："也曾见穴临水际，俗人见穴无包藏。"又云："平中还有水流坡，高水一寸即是阿。只为时师眼力浅，到彼浩然无奈何。便言无处寻踪迹，直到有山方识得。如此之人岂可言，有穴在坪原自失。只来山上觅龙虎，又要乳头始云吉。不知山穷落坪去，穴在坪中贵无敌。痴师悮了几多人，又道葬埋畏卑湿。不知穴在水中者，如此难凭怕泉沥。盖缘水涨在中间，水退却同干地力。"此说曲尽湖滨穴法之妙。

或然有穴落田畴，春夏水交流。

注：平田之地，高一寸为山，低一寸为水。原自高山撒落平洋，牵连铺展，平坦而来，微有脊脉。当春夏灌溉之时，满目皆水，俗眼见此，不忽其为泥污，则弃其为水沥，安知其有美地存焉？但结穴之处，必须有银锭，束气融聚，分水伶俐，忽起微突，开口明白，界水交织，方为真穴。虽水田满目，不足畏也。

或然穴在土皮上，名曰培土葬。

注：培土葬者，其地气浮于上，故下棺之时，不深穿井，放棺土皮之上，外以客土培之，故曰培土葬也。朱子曰："漳、泉间，棺只浮于土上，深者仅有一半入地，所以上面封土甚高。后来见福州人举移旧墓，稍深者无不有水，方知兴化、漳、泉浅葬者，防水耳。"按：浅葬之法，不特漳、泉为然。盖地土有厚薄之殊，龙脉有浮沉之异。地土厚，龙脉沉，有葬至数丈者，不谓之过深；地土薄，龙脉浮，有安柩土皮之上，用客土培成塚者，不谓之过浅。噫！非圆机之士，其孰能之？

或然穴在石罅中，有土气斯通。

注：此石山土穴也。《葬经》云："气因土行，而石山不可葬。"盖顽石之不可掘凿者，则隔断生气，且多生水，所以不可下也。故石山必有土穴为真。廖金精云"漱石莫疑安石罅，土穴端无价"是也。杨筠松云"也有穴在大石间"，卜氏云"石间穴贵得

明师"，皆言石间有穴，却不明言，立穴处必须有土为真。张子微云："石巧之穴石盘生，如琢如镌如切成。上无缝脉穿凿计，且无寸土为遮蔽。"又云："此穴依山不须凿，结切安枢平处是。自然融结得山脉，不必凿开泄石气。"则又直指顽石之上安枢。诚如所言，是又与《葬经》相背。且石山土穴，或石山凿见土脉为穴，予闻其语矣，亦见其地也。石穴不可掘凿，则是顽石，无生气。今言安枢其上，以土封之，吾闻其语矣，未见其地也。虽云有之，终于我心有所不安，不敢取以为法，宁从廖，不从张。

也曾见穴水直流，下后出公侯。

注： 真龙大地，包里重叠，而正穴必居众山拥从之内，小水直流，势所必有。陶公云："直流百步，弈世为官。"必须外面大河大溪，逆潮横绕，而山脚重重拦截。《赋》云"元辰水当心直出，未可言凶。外面山转首横拦，得之反吉"是也。然直流之穴，必须龙长气旺，力量极大，又得两畔山脚包收，水虽去而山则回，穴甚周密则可。若龙短力少，一步去水亦不可下。廖金精云："第一莫下去水地，立见败家计。"至验至验，戒之戒之！

也曾见穴砂斜飞，下后着裈衣。

注： 真龙贵穴，面前或多顺水之砂，俗眼必望而畏之，或指为退田笔，或指为离乡砂，纵有美地，亦不敢信。岂知此乃曜气，为极贵之应哉！杨筠松云："或如刀，或如剑，随水顺流俱冉冉。庸师只断定离乡，岂知内有真龙占。"盖真龙正穴既已融结，虽有微砂顺水，多是秀曜，不可一例断作退田笔、离乡砂。何也？盖砂如美女，贵贱从夫，故尔。如大贵人既在此建府创第，或开藩建节，则军将兵卫，或左或右，或出或入，皆是为贵人奔走服役，故顺去者亦无所畏，乃为秀曜贵气之验。然亦须要收拾之，不可使荡然而去。张子微云："如龙穴真正，而有凶杀照射，或顺水走撺，惟在收拾。能收拾，则纵有凶杀，既为我用，不相刑射。譬如大官贵宦，骁卒贱徒，皆为我用。何者？权在我故也。故大贵之地，本身

龙气重，未免无杀气，而护从朝应之山，如武夫悍卒，披坚执锐于我侧，未免无可畏状。然不知皆侍卫我者，非悔我者也。为我所用，何畏之有？适足为贵证矣。

也曾见穴无包藏，一突在平洋。

注：包藏者，穴之护卫，以蔽风寒，不可无也。诀云："立穴处最怕风吹。"又云："穴要有包裹。包裹穴无破。"甚言穴之贵于包藏也。但法贵通变。如平洋一突，又不必若是之泥矣。蔡文节公云："平洋之地不畏风。"杨筠松云："平洋不怕八风吹。"此皆直指平洋不须畏风，不必论其左右之有无也。盖以平洋之地，一望无际，风行地面，不入地中，故虽无包藏，亦不为害。譬如人在平原旷野，皆无障蔽，终日受风，不至为病害。若居密室坐卧之所，有窗棂罅隙，贼漏射入之风，则能为患。故山谷最怕凹风，而平洋之地，既无凹风，又何必拘于周密乎？

也曾见穴多余气，山去数十里。

注：大龙气盛，一时收敛不尽，故结穴后有余气之山，或去数十里。此地力量极大，俗眼观之，龙气未尽，必怀疑惑，不敢下之。殊不知大福力地，其结穴必不在大穷尽处。《经》云："大地皆从腰里落，余枝前去作城郭。"吴景鸾云"余气不去数十里，决然不是王候地"是也。范越凤云："真龙蟠泊，必分牙布爪，结穴之外，有三五里余气，并皆暗拱。如人之巨室，寝息之处，必在堂奥之中。"喻亦亲切。但所去之山，必须回环护穴，或去为下手，或去为后杠，或去为障峡，或去为水口捍门，虽去犹为我所用则可矣。

也曾见穴坐后空，得水不嫌风。

注：廖金精云"坐空转面去当朝，不怕八风摇"是也。盖来龙跃踊雄猛，及入首结穴之际，忽然翻身转面，逆水当其洋潮，虽或坐空，必有水绕，不足畏也。《葬经》云："得水为上，藏风次之。"此类是矣。然亦须穴场藏聚，如前所谓登穴煨聚则善。

也曾见穴面前欺，顾祖不嫌低。

注：此回龙顾祖之穴也。张子微云："高山落平冈之穴，而为回龙顾祖之地，则前朝之山皆我祖宗父母，虽高无害，亦不恶其逼迫。"卜氏云："回龙顾祖，祖不厌高。"盖以子孙见祖宗，则尊卑之礼出乎自然，虽高逼不以为欺，非客山来朝之比。若是客山高迫，则有陵压之患，谓之客山欺主，不可下也。然顾祖穴虽不畏前朝高逼，亦须其山开面平正秀丽，而无粗恶敧斜、臃肿丑陋形状，及尖射飞走、破碎巉岩等像则可。

也有巧穴名合气，来脉双龙至。

注：合气之穴，力量极大，或二龙、三龙，以至九龙，合者愈多愈胜。《经》云"更有二龙合一气，两水三山共一场"是也。

也有巧穴名龙脱，来脉水中过。

注：龙脱者，山脉断绝，穿落过水，如人脱离而去，无所拂着之意。卜氏云："弃甲曳兵，过水重兴营寨。"陶公云："马迹过水，揽衣渡河。"皆谓龙脉从水中渡过，然后复起星辰结穴也。然气乘风则散，脉界水则止。今言过水，何也？盖必有石梁之脉穿水过，如俗所谓"十大崩洪"石梁渡脉过水之说方是。如海中诸岛，亦是水底石脉联属耳。盖水不界石脉，而界土脉。邵子曰："水则人身之血，石则人身之骨，土则人身之肉。故血行于肉，不行于骨。血以资肉，肉以养骨以资身。惟气无往而不通也。"诀曰："漏脉过时看不得，留心仔细看龙格。穿河渡水过其踪，认他石骨为真脉。"此督龙脉渡水之要诀也。

此皆奇巧令人疑，造化隐真机。

注：已上皆巧穴而怪者，共二十二体，乃造化隐机，必俟有德之人而后得之耳。

更有丑穴尤难识，福应无差忒。丑拙丑拙何丑拙，真有玄微诀。君子盛德貌如愚，良贾藏若虚。

注：真龙藏幸而为丑拙之穴，极其难识。即其形状，若为可

弃。然验之仙踪，福应无爽毫末。若此者，岂非其有玄微妙诀乎？故得其诀，虽丑拙亦为可取。犹之大智若愚，大巧若拙。老子曰"良贾深藏若虚，君子盛德，容貌若愚"是也。以穴之丑拙而弃美地，犹以貌取人，而失之子羽矣。

又如女子德淑贤，貌丑不须嫌。

注：悦色而不好德，世俗之蔽。如女子貌陋而有淑德，世多以丑弃之。貌美如有秽行，世反以美取之，识者必为长太息也。西施绝色，适以倾人之国；而无盐丑女，乃以兴邦。信不在色，而在德耳。故凡论穴，当以龙为主。龙既真，则穴必的。外虽丑拙，而内含真气融结，法有可取。犹女子之有淑德，而特外貌不扬。君子取以自配，必成内助之功。若必欲拘于穴之明显，而不审乎龙之是非，是为悦色而不好德也，宁不置美地于无用哉！

为君泄破天机秘，丑拙莫轻弃。

也曾见穴乳直长，左右莫拦当。

注：长乳者，一乳中出独长，两边龙虎抱卫不过。人之见此，莫不以脉露而弃之。殊不知正脉中出，气力旺盛，势难顿止，故独出而且长也。至结穴处，开窝开钳，自有本身龙虎卫穴，外山护脉，虽后来左右为托送之山短缩，缠不过穴，亦不为害。杨筠松云"贪变廉贞梳齿样，长枝有穴无人葬。人言龙虎不归随，谁知葬后生公相"是也。若乳头不开窝钳，或转向左右，则是抱卫他山之砂而孤露矣，不可下也。

也曾见穴脑偏侧，时俗难辨识。

注：真龙闪迹，变态不一。世俗只识端正之穴，岂知藏幸之龙穴，多在偏侧处融聚。厉伯韶云"谈水谈山世俗多，用拙不能将奈何？误葬每因求正面，不扦浑是弃偏颇。岂识真玄奇妙处，仙人多是下偏坡"是也。但偏侧之穴，后有鬼乐方为真的。如无鬼乐，不可妄下。

也有穴下生尖嘴，枫叶三丫体。

中国传统术数总集 第一辑

注：枫叶三丫，星长穴下出嘴，骑刑坐煞扦之，主贵有威权，文官兼武。

也有穴前嘴直长，凿作臂回远。

注：结穴已完，而余气犹去不住，当凿其去处为内堂，作一臂逆掬为妙。如婺源县九都程氏一地在长庆者，开帐而下，结穴甚美。只是前去直长，俗皆于尽处取穴，不利。程氏于顶来脉成星体处扦穴，而截去直长之赘疣，凿作逆掬一臂为内堂，当代出贵，联登科第。

也有穴后是空槽，玉筋夹馒头。

注：阳中阴之变也，即合钳穴。

也有穴前是深沟，金枧与银槽。

注：阴中阳之变也，即正钳同。

也有丑穴如鹤爪，突露无人晓。

注：杨筠松云"禄存带禄为异穴，异穴生成鹤爪形。鹤爪之形两边短，一距天然撑正身。此是禄存带禄去，长股之穴为正形。起顶或成衣冠吏，短短低生左右臂。左臂短如插笏形，右臂短如佩鱼势。时师到此多狐疑，却嫌龙虎不缠卫"是也。

也有丑穴似牛皮，懒坦使人疑。

注：平坡之穴，微有窟突，俗眼视之，如牛皮懒坦，无处可下。不知散中求聚，力量极大。杨筠松云"撒网之形似牛皮，不着绯衣多食禄"是也。

也有丑穴少一臂，时师容易弃。

注：世俗论地，只爱左右均匀。纕有欠缺，则所不取，此其常耳。却不知有等真龙大地，结作诡异之穴，多不齐整。或有龙无虎，或有虎无龙。明师见之，自有定诀。古歌云："有龙无虎亦为吉，有虎无龙未是凶。只要外山连接应，分明有穴福常丰。"卜氏云："或有龙无虎，或有虎无龙，无龙要水绕左边，无虎要水缠右畔。"范越凤云："水来自左，无左亦可；水自右来，无右亦裁。"

张子微云："又有如钗长短股，无乳无穴何处取？此名龙缩缩处寻，短股头间气脉聚。或左或右穴皆然，定有外山作龙虎。"杨筠松云："也有左长右枝短，也有左短右枝长，世俗庸师多不取，岂知异穴生贤良。"皆确论也。蔡氏云："欠缺不齐，天地之奇。"此类是矣。

也有丑穴体粗顽，细认太极安。

注：粗顽之处，人多厌弃。不知其有微茫太极窟突之形，虾须、蟹眼界水分合明白，乃为贵穴。然此穴多能误人，若体察不真，不可草草，必须细察龙脉真的，方可扦之。

也有怪穴是担凹，乐起贴身高。

注：张子微所云"又有凹穴两肩起，正对主峰凹入底。乳头又更对凹生，作穴如何安顿是？此名天潜不可轻，凹处深藏有妙理"者是也。凡担凹之穴，必要有后乐贴身盖照。若垂乳结穴而乳头长者，则是气钟于乳，虽无乐亦不妨，却要后宫包裹，不可空旷，或有孝顺鬼尤妙。

也有怪穴是仰瓦，气虚前头下。

注：凹脑之穴，气虚于前，必要后宫仰瓦。若仰瓦内又出一乳，则非真结。此穴须有后乐为准。若垂乳者，穴立乳头。后有孝顺鬼，无乐亦好。此与担凹穴同一格耳。

也有怪穴似拖枪，只要护缠长。

注：杨筠松云："尖枪之山要外裹，外裹不牢反生祸。外山包裹穴如枪，左右包来尖不妨。山来雄勇势难竭，是致尖形也作穴。只要前山曲抱转，针着正形官不绝。"又云"有如破军变贪狼，贪狼入穴如拖枪。拖枪之穴人嫌丑，只缘缠护两山长"者是也。

也有怪穴如鬭斧，须要鬼乐守。

注：鬭斧之穴，如穿针对线，横来直受，直来横受。杨筠松云"亦有异穴如鬭斧，不拘左右生龙虎。横龙却向直中扦，直山却向横中处"是也。却要有鬼有乐以为证应，方可安穴。廖金精云：

"横龙结穴必要鬼，乐山宜后峙。"蔡氏云："此等之穴，先看有鬼无鬼，次看前山朝水。二者相应，再看托乐，便可下手扦之。若无鬼乐，从有前面山水，不可下也。"

也有怪穴无龙虎，何人将眼睹？

注：世俗看地，惟求龙虎二山弓抱而已，此外无复知识。杨筠松云"只来山上觅龙虎，又要圆头始云吉"是也。殊不知龙穴真结，不必有龙有虎。若龙穴不真，纵是有龙有虎，反为花假之地。《经》云"君如识穴不识怪，只爱左右包者是。此与俗人无以异，多是葬在虚花里。虚花左右似有情，仔细辨来非正形。虚化作穴更是巧，仔细看来无甚好"是也。

也有怪穴无案山，诸水聚其间。

注：天造地设真龙正穴，有主山必有宾山。廖金精云："第一尤嫌无案山，衣食必艰难。"今乃有真穴而无案对，俗眼见之，必以有主无宾弃之。岂知水潮即是山朝，杨筠松云"也有真形无朝山，只看诸水聚其间。汪汪万顷明堂外，内局周回如抱环"是也。

也有怪穴如反掌，窝窝形微坦。

注：杨筠松云："也曾见穴如反掌，却与仰掌毋两样。"盖反掌之地，形体偏反，但亦有窝窝之穴，却与仰掌之掌心穴法不异矣。

也有怪穴要锹皮，苞节认玄微。

注：木星之穴，以其来势直急，恐有杀气，故锹皮下之。必要立穴处有苞节芽蘖，方为真穴。不可于硬峻急直之所强勉凿穴。故曰"苞节认玄微"。

有如壁上扑飞蛾，细看突无多。

注：贴壁飞蛾，微有突穴，安突中，粗中细也。

有如壁上挂灯盏，但见窝微仰。

注：杨筠松云"落在高山挂灯样"，急中缓也。

急山忽然一坦平，穴向此间停。

注：急中有缓，多结仰高之穴。廖金精为吾邑张氏下一贵地，土名白牛坦，乃万仞山半，忽然一块平坦，穴安坦中，是急中缓也。

缓龙到头突忽起，穴向此中取。

注：平洋之地，龙势似缓。入首忽然突起，谓之平中之突。《葬书》所谓"地有吉气，土随而起"者是也。此穴至贵，但宜葬于巅，缓中急也。

精神显露反非祥，隐拙乃为良。

注：卜氏云："何精神显露者反不祥？何形势隐拙者反为吉？隐拙者定有奇迹异踪，显露者多是花穴假形。"良有以也。

真龙藏幸韬神机，奇怪使人疑。

注：真龙藏幸，至结穴处，韬光敛华，晦其神机，而为奇怪形穴，使人见之，群疑满腹。非有灼见，不敢下也。

奇怪奇怪何奇怪，千形并万态。

能乘生气任君针，奇怪莫心疑。

注：山龙之变态无穷，奇形怪穴，安可悉举？一言以蔽之，曰"葬乘生气"而已。苟能于地理中识透"葬乘生气"妙诀，任君所扦，皆能获福，何奇怪之足畏哉！廖金精云："变化无穷聊举例，作用皆如是。乘得生气任君裁，奇怪不须猜。"杨筠松云"怪形异穴人厌看，如何子孙世为官？只恐怪穴君未识，识得裁穴却无难"是也。

大抵奇形并怪穴，只怕龙神别。

认得龙真穴便真，此诀值千金。

注：有真龙则有真穴。龙既真的，穴虽奇怪，亦不足畏。杨筠松云："大凡诸山来此聚，诸水流来聚此处，定有真龙此间作，只恐不知龙住处。住处多为丑恶形，世俗庸师心里惧。"故扦怪穴之法，惟在审龙。诚于龙认得真，何奇怪之足畏哉！善夫西山之言曰"《葬书》千经万绪，地理千形万状，言不能尽，状不能徧。约而

中国传统术数总集 第一辑

蔽之，不过龙真朝的，水土交会，穴必在焉。虽神秘怪异，亦可测识。若外此以求善法，非吾之所知也。

假龙无穴不堪安，莫作怪穴看。若将借口乱安坟，误尽世间人。用怪不能当守拙，缄口休谈说。要知官穴有真玄，须遇至人传。

注：大凡无穴，必是龙假。蔡西山云："假龙误人甚多，其摆布精神，起人眼目，与真龙无异。只是到头结果无取，故世俗之人，正谓其有秀特。而时师又以真龙丑穴之说文之，鲜有不为所惑者。"张子微云"假龙亦有穿心开帐，有星辰秀丽，有桡棹手脚，亦有摆布，但无迎送，或蜒蜿四五里，或萦迂数十里，至大尽处，乃无穴可下"是也。故真龙怪穴，乃是有穴而特丑拙，或有穴而特奇巧，非若假龙之无收拾结果。至尽处，或有窠而虚阔空亡，有乳而直峻粗大，有钳而漏槽破顶，有突而破碎懒坦，不可扦葬者。若不能辨龙真假，而以假龙无穴之处指为龙真穴怪，强勉凿穴，以此借口而误世人，其害不浅，不若置怪穴于不谈，尤为愈也。噫！业地学者，当虚心访求明师，极辨而研穷之，不可草率卤莽，强不知以为知，苟一朝之财贿。前辈谓医药有误，祸止一人；地理有误，祸及一家。捧诵斯言，尤当悚惕，可不戒哉！可不慎哉！

补义上巧穴二十有二，以其穴形完美，而所处之地异于常，故曰巧。拙穴二十有二，以其穴形隐拙，而丑异之态出于常，故曰拙。兼巧与拙，总名曰怪，凡四十有四。然怪穴亦不止此，在智者触类而长之耳。夫所谓怪穴者，乃权变怪异之说也。如三出其妻者，似阃化之不行；两弃其子者，似家教之不立。君臣有义也，而有放伐之举；兄弟贵友也，而有破斧之诮。此皆圣贤制礼之极，而乃出于常理之外。地理怪穴之说，无以异此。

故《葬书》云"过山不葬"，乃正论也，而怪穴有骑龙斩关之法；"石山不葬"，乃正论也，而怪穴有扦于石间之法；"独山不葬"，乃正论也，而怪穴有扦于无包藏之法。

《雪心赋》云"脉界水则止"，乃正论也，而怪穴有扦于龙脱之法；"穴后须防仰瓦"，乃正论也，而怪穴有扦于仰瓦之法；"可恶者泥水地旁寻穴"，乃正论也，而怪穴有扦于没泥之法；《洞林诀》云"穴欲住而不欲吐"，乃正论也，而怪穴有扦于长枝中腰之法；《黑囊经》云"穴要有包裹，包里穴无破"，乃正论也，而怪穴有扦于无龙虎之法；廖金精云"第一莫下去水地"，乃正论也，而怪穴有扦于直流之法；董德彰云"枪头休下，鼠尾莫扦"，乃正论也，而怪穴有扦于拖枪之法。凡此之类，本皆出常入怪，舍经从权。卜氏所谓"更有异穴怪形，我之所取，人之所弃"是也。然古今怪穴名墓，处处有之，固非凿空妄诞之说。但俗鲜其传，而知之者寡。一得于骤见之间，固宜其心骇而疑也。惟高术之士，得其真传，会山川之性情，识生气之聚散，苟穴与目遇，即目与心通，虽拙而亦以为美，虽丑而亦以为妍，是常亦常，怪亦常，不知怪之为怪矣。张子微云："平夷之地，俊秀之峰，端正之穴，人所易见。惟谚语云'若要发，险中做'者，须明眼高师能之。"杨筠松云："怪形异穴人厌看，如何子孙世为官？只恐怪形君未识，识得裁穴却无难。"识怪不易，信怪尤难。师识而主不之信，傍又从而破之，奈之何哉！此皆天造地设，以俟有福缘者耳。故此等风水，易得难扦，易扦难信。有造物主之，常人以丑怪而不顾，故得之易。庸师以隐拙而难知，故扦之难。师能识之，不遇有缘，告之不信。一或因缘凑合，每有无意求地之人，暗与穴遇，岂非造物使之？噫！人子求地，上以宁父母，下以保子孙，其为关系非小。而明师难遇，美地难逢，若之何哉？亦曰积德以俟之而已矣。

巧拙万金歌

　　龙有好恶首须知，穴有巧拙难整齐。好母偏生奇怪女，名郎不择俊娇妻。高人论德不论色，阀阅止问是谁儿。天机好处从来秘，莫教粗眼识真机。踏来真龙难寻穴，把作茅丛容易撇。欹斜缺折不须论，但于局面低中寻。自是蒹葭成野穗，本来芍药结苞深。梧桐叶上偏生子，杨柳枝头出正心。

　　注：总论美地不限常，惟当看所出之祖何如耳。

　　杞子叉芽难见实，要从变处识精全。

　　注：杞梓枝龙格如初生枝，余斗角屈折，势如人字依折，又有敛骨排行，本是偏气。然得五七节首尾如此，即是龙气不杂乱，亦为合格。必须审其变处，可结均匀之穴，故曰"要从变处识精全"。若一向偏而不变均匀，则不足取。但人字亦皆于一字中心出斜脉，虽节节斜行，亦不妨为中出之龙，故此龙多生奇穴，亦颇难测识。

　　芦花袅水东西点，未必条条着地寻。

　　注：芦花袅龙格，多在平地水际。花点东西不定，不可执一而以正条寻穴。怪穴多在边旁，或曰芦花袅龙格虽居平地，或又变起星辰，在山上结穴，故曰"未必条条着地寻"也，亦通。

　　一点露花垂草尾，十分香味在花心。

　　注：此论大穷尽处，纵有结作，不过露华垂于草尾而已，力量几何？真龙大地，分牙布爪，吐雾兴云，结穴外必有余气之山回环拱卫，穴在中腰，故曰"十分香味在花心"。

　　岸上楼台沉水影，山中木植堕田阴。

　　龙头必向云中出，蛇影难从山上擒。

　　注：四者皆譬形穴在此，取应在彼，若于应处求穴则误矣。

此义仙人不传授，高明通晓在胸襟。

注：仙翁非吝于传授，盖非口舌所能言，笔画所能写，妙在心悟耳。

固知龙祖传来好，更有前砂识幸深。

注：来龙好必结好地，固其理也。前砂尤能证穴之所在。杨筠松云："真龙藏幸穴难寻，惟有朝山识幸心。"

西岸月升东岸白，上方云起下方阴。

注：此承上文"前砂识幸"之意，盖取应之砂妙耳。如东边有秀异之朝砂，西边必有真龙之结作。

若还只问好头面，假穴常常真乳见。

注：若不审龙，徒泥穴之头面，则假穴多有好乳。

开枝依旧有遮拦，过形只是无针线。

注：此乘上假穴多有乳中垂，左右亦有龙虎遮拦，只是后龙不真，全无度峡，来脉不明。盖相山之法在审龙，而审龙之术在观峡。未有真龙而不度美峡，未有峡美而不结吉地。峡之美者，如梭带丝，如针引线，如藕断丝连，两旁遮护稠密，不令风吹水刲。峡之凶者，则毋此格，徒有遮拦，非真脉矣。

谈水谈山世俗多，用拙不能争奈何？

注：谈地理者不可胜计，能用拙穴者几人？盖识之者少也。

误葬每因求正面，不扞浑是弃偏颇。

注：假穴端正，起顶垂乳，易以惑人。真龙栖闪，千变万化，诡异偏斜，难以测识。故世之大地，往往有在路旁而人不着目者，多以偏斜弃之耳。

岂识真玄奇妙处，仙人多是下偏坡。

注：仙人坟墓，诡异丑拙难识者，每多偏侧。非故好此怪异，廖金精云"隐显虽有不同，力量本无二致"是也。

好妇不须全俊美，福人何用太喽啰。

注：丑妇生贵子，福人无机关，喻大地多丑拙之穴。

中国传统术数总集 第一辑

大凡好地作丑穴，不与世人容易说。

若教大地穴分明，是使天机容易泄。

注：龙真穴丑，造化之微机也。

试说杨州有一地，地名霜山金沙尾。十里来龙的的真，到处作穴笑杀人。三家葬后尽改去，一家买得复不取。一家转买仍不用，再卖与人身姓董。买成几年不敢葬，无人定穴不知向。一朝遇着柏叶仙，大喜此地意洒然。董家插后出俊子，连登上第跻腯仕。税钱也及千贯锭，库业十州难计量。又有徐州一穴地，朝秀堂宽龙虎卫，人争插葬有五坟，发迹政功总不闻。但言扦后多败绝，内有一家先发瘟。又有蔡州卢家塘，穿心龙出面向阳。虎长龙短乳穴侧，卖过七主无喜色。黄家老翁有阴德，遇着曾仙为指画。葬后一子入台谏，一人执政荫生枝。至今仕宦尚不绝，代代税赋无休息。一族百家共此祖，个个富足少贫窭。若还不是遇神仙，分付时师定不然。要求大地先种德，自有高人为尔扦。

注：三段证以龙真穴丑，不害其为贵地。假穴明堂宽大，朝对秀丽，龙虎抱卫，而坐下无龙，葬者败绝，顾何益哉！末言积德自遇明师，又崇本之至论也。

附：诸怪穴图

南安傅氏祖地—金盘献花形：来龙甚远，地结平冈，周环皆石，盘也。盘中小石旋转，穴安中央，以小石为坐为朝为龙虎，乃石巧穴。南安傅氏名墓，在泉州府西北七里，仙师黄妙应下，人丁科第，自宋至今，四五百年旺盛。傅公夏器登嘉靖庚戌进士，富贵未艾。按傅氏美地尤多，此仙迹也。

金盘戏花形

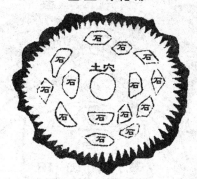

南安傅氏祖地—金盘献花形

永康王都谏祖地图——泥水怪穴：下地在永康县东北五十里。其来龙甚远，不及详述。将入首，大帐，帐下叠出木星三四座耸立，仍走弄数里，一齐落下平坡，势如层波叠浪，级级涌来。诸脉合气，数大枝合为一脉。二水交会处，忽起小小石山远抱，以作龙虎及近案为证。而穴结泥水田中，培土成坟。登穴观之，四面远山簇簇，星峰拱照。二水交于穴前，回环屈曲。且石曜自泥田中露出，尤奇。乃范氏所扦。课云："六十年来出双贵，谁知妙穴在泥田。"果出兄弟双科。范氏乃丰城范麻子。永康谚云："若要死，去请范麻子；若要败，去请刘永太。"盖此二师同时，皆惯点奇穴之人也。亦有不利初年者，故时谚如此。按王氏祖坟，景泰癸酉年葬，至正德癸酉而两房各生子，一名楷，一名桂。嘉靖乙卯科乡举。楷号竹峰，丙辰进士，官都谏。果六十年出双贵，今人财大旺。

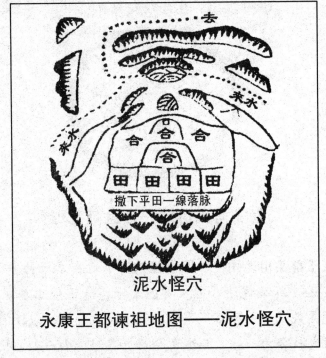

泥水怪穴

永康王都谏祖地图——泥水怪穴

永康施氏祖地: 下地在永康,其龙甚远,枝节繁衍,过峡重叠。将作穴,叠三峰,抽一偏枝,闪出数节,结穴低平,而开钳于前。又吐出一脉,穿田前去三十里,作有阳宅数处。此即骑龙穴也。且其正出之山,即逆绕于旁,以为缠护,前去不远而止,亦无大结。

按: 此乃明师刘永太所下。施氏子名孟达,与刘仙交厚,一日拜刘仙求吉地安父母。刘问曰:"汝要人丁千口乎?汝要官贵极品乎?"施曰:"只愿人丁大旺足矣。"刘乃指此骑龙之穴。葬后果生十子,子又各生十余,诸孙共百单三人。乡间皆称十子百孙。至今人丁千口之繁,为永康臣室旺丁口不出贵。

中国传统术数总集 第一辑

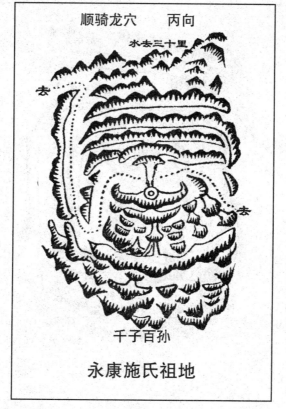

顺骑龙穴　丙向

水去三十里

去

去

去

千子百孙

永康施氏祖地

泉州黄榜祖地：下地在泉州府晋江县西南二十里，土名乌石山。其龙发自紫帽峰，辞楼下殿，奔腾踊跃，顿伏三十余里。将至作穴，大断过脉，忽起大帐撑天，横阔十余里。自帐内顿起冲天木星，一连三座，大小相等，疏密停匀，结天然之穴。其大帐两角捌抱过穴。穴前两山交互，圈内自成一家。高数丈余，人行大路在下，莫知上有此奇。及登山入内，则迥然开畅，一龙中出，木星耸秀，诚如闺中之女。本身二水合襟绕抱，内堂交会，外洋宽平，前峰端耸如顿笏，当面海水九曲来朝，左右诸峰罗列，四神八将应位，三奇六秀咸集，真美地也。葬后六十年，出榜眼仪庭公凤翔。

泉州黄榜祖地

　　传说：榜眼公曾祖太学上舍，晚年得子。子方半岁，上舍夫妇继亡。归窆皆宗族与诸戚营之。及子长而诸前辈亦谢世矣。求其父母坟墓，毋有识者。至晚年将没，嘱其子竹亭公曰："吾生未得履父母墓，今死不瞑目。汝勿葬我，须徧觅汝祖墓。倘天怜我，得附葬于侧，泉下瞑目矣！"竹亭公乃百计访求，因究心地理四十余年。嘉靖庚申，忽有李、方二姓，皆以寻风水至乌石山中，见其奇秀，知为美地，构讼于官。时郡守拘山邻审之，即云此山非李亦非方，山乃黄氏祖坟，今五六十年，不见有人祭墓，经管者但相沿谓黄氏业，亦不识为何黄氏也。郡守思欲息三氏之讼，乃密令人觅有秀才姓黄者。适仪廷公从庠中来，役者请之，入见郡守，郡守即批付前山。竹亭公遂往山视之，喜曰："此非天与我乎！"见故墓崩颓，心动。方卜日修墓，开土尺许，即见碑石宛然，历叙世代，乃其祖上舍公墓也。逐以父附葬。次年辛酉，仪翁发魁，戊辰及第，见任翰林侍讲。人皆以世德孝感所致云。

莆田郭侍郎催官地： 下上地葬待郎之父，葬时侍郎在襁褓中。及长，登嘉靖庚戌进士，累官都宪、兵部侍郎，巡抚广东。公号华徯，名应聘，福祉方亨。

平田阔坂

自下登穴，高三十里。

平田

此乃天巧穴格。
龙自壹公山发祖，
重重开帐，入首精后。

是催官之地。

莆田郭侍郎催官地

陈霸先友亮祖地： 下地在绩溪西八都。其龙发自黄山南龙正脉，分枝叠嶂，千峰磊落，万岭巍峨，屯军驱马，旗鼓旌节重叠，高在云端。将近穴，大帐撑天，势如云拥。帐中星峰雄昂，自天而下，连叠串珠数节，结骑龙穴。穴前起一圆峰，峰外直拽，如鹤嘴插入水中。左右两山，自少祖发出，拱抱向前，亦垂鹤嘴入水。水中一长石如舟，呼为三鹤争鳅形。外山罗列两旁。左山丽恶峻憎，右山木火秀丽。旧谓左武右文。登穴观之，面前渺渺无际。但龙神杀气未除，星辰反悖，文武乱班，流神驳杂，此所以非享大位，而为偏方伪主耳。故霸先也不过如此而已。

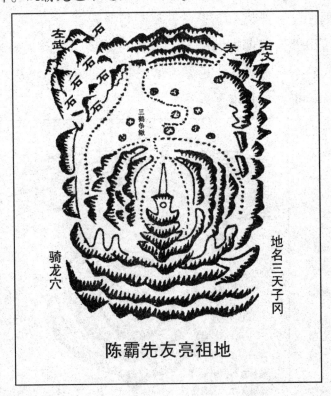

陈霸先友亮祖地

华容刘尚书祖地： 下地在华容，土名东山。其龙远势雄，星峰竿秀。到头大飞蛾开肩展翅。中抽一脉，水木垂头，摆转作穴。穴扦曲动处，坐倚一边，似偏实正，乃曲乳穴也。登穴观之，内水交结，而左右二砂纽会，内外明堂融聚，真气冲和，《经》云："凡是乳穴曲即非，曲是包裹非正穴。"若执以定穴，即弃此大地。殊不知正脉中出，而水木曲动，正是生气所钟。且两肩包裹皆长，而此中乳独短，两臂粗而中乳细嫩为奇，又不可执经文而定穴也。乃司马头陀所下，出兵部尚书东山先生刘忠宣公大夏，为国朝名臣，至今衣冠不替。

大取坐坤
江飞丁顶
东凤向落
去形癸脉

华容刘尚书祖地

台州侯氏祖地：下地在台州府治南七里，土名旗山。其脉发自望海峰，顿跌雄猛，起伏精俊，势如天马奔腾，又如群羊出栈。将至结穴，过峡翻身，出脉隐隐，乃急中之缓。穴前似峻而不峻，左右二水交结，诸峰拱照。乃西兑行龙，朝北作向巳山亥向。对面观之，俨如展旗。穴后一山乐托，前应双塔，帻山挺然奇秀，乃侯氏始祖。自宋至今，人丁蕃盛，科第不替。出侯丕，翰林检讨；曰臣，登进士，左布政；曰润，进士，通政司参议；曰济、曰汾、曰冲、曰简、曰聘、曰向，皆乡荐；曰缄，进士，左布政；曰溪，进士，知府。

台州侯氏祖地

　　临海戴御史祖地：下地在临海县东北二十五里，土名柘坑。其龙乃府龙，分出左枝，在三十里落脉。迢递奔走，起大峰峦。复过峡，再起大帐叠叠。至结穴，横脉斜穿，而左臂凹缺。缺而复起，转作下臂，包成左单提穴。而前面诸峰，如卓笔侵云。下有方平如一字，以为证应。水口一山突起，成捍门之格。登穴观之，左边虽凹，又得外山高障，明堂四水来会，而中有一阜如印，出父子进士，兄弟御史，一金宪，一州守名汝愚，人丁科甲冠邑。

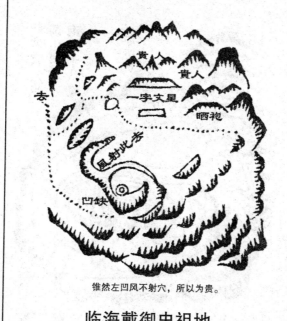

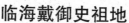

锥然左凹风不射穴，所以为贵。

临海戴御史祖地

　　台州秦状元祖地：下地在临海治东三十里，地名北山下。其龙来脉甚远，逆水奔行四十里。比入局，大断过峡。峡之左右有墩阜夹护，术家谓之金弹子，贵证也。过峡后顿起高峰，耸秀冲霄。石骨奇异，正脉从石顶中垂落鹅颈百余丈，复起星峰，顿跌数节，直串向西，闪落亥脉，从凹顶脱煞结穴。龙气大旺，入首隐伏，横铺平坦，而无落头之乳。两畔弯抱重重，而皆长出不止，穴情隐拙，又是顺水作向，不入俗眼。亥龙插壬山丙向，俗呼蝙蝠形。后山帐乐，前朝特异，罗城秀列，局势盘旋，龙真穴隐，如顽石中之美玉，未易訾识。但葬时状元已数岁，此催官地耳。秦公鸣雷戊寅生，嘉靖甲辰状元及第，官至礼部尚书。二子懋约、懋勲皆发科，富贵未艾。

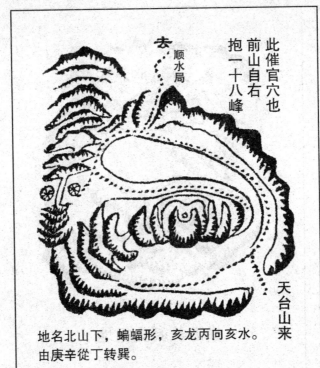

此催官穴也
前山自右
抱一十八峰

去 顺水局

天台山来

地名北山下，蝙蝠形，亥龙丙向亥水。
由庚辛從丁转巽。

台州秦状元祖地

华容黎状元祖地： 下地在华容县东，土名石笋玉。其龙甚远，穿田渡水，忽起星峦。自小儿山涌大帐，奔行数里，换骨顿异。石岭巍峨，挺然天表，势压群峰。峰生石笋，卓立十余丈，迥然清俊。百里望之，莫不骇目。但穴结太迫，以木火之星，而作金水之穴，前吐余曜虽奇，主星两臂，分劫尚多。俗眼必为发祖之处，反以两臂余支求正穴也。《葬书》云："群垄众支，当择其特。众山低，此独高；众山小，此独大；众山土，此独石。"且前应文笔插天，星峰矗矗，融结不凡。出状元黎公淳，官至礼部尚书。子官方伯。但刬重，火性燥而易灭，故贵止二代，人少产不丰耳。

官星证穴格

华容黎状元祖地

泉州黄尚书祖地：下地在泉州府西北四十里，土名八尺岭。其龙自葵山发脉，迢递奔行七八十里。比入局，跌断过峡，顿起冲天火星，侵云削峻。两肩大展，复绕抱向前。中垂隐隐之脉。忽于山半开平，连叠数级平面土星，乃于土气之下融结微窝之穴，界合分晓，左右弯回，内堂平聚。虽是顺水作局，而收拾齐整。大溪至此横绕过右前。御屏耸立尊严，端然朝拱。但主星卓峻冲霄，虽明堂中仰望后顶，高入天际，不见垂落之脉，似乎玄武拒尸。且火星刚燥，亦不融结。不知连叠平坡，则是生土。火以生土，急中有缓，矧两肩垂落，重重绕抱有情，风气藏聚，龙旺穴尊，朝端从美，真吉地也。葬后出经历公晟、教谕公绶俱赠刑部尚书。其孙光升登进士，官至大司寇；曾孙乔栋，官太守，富贵未艾。

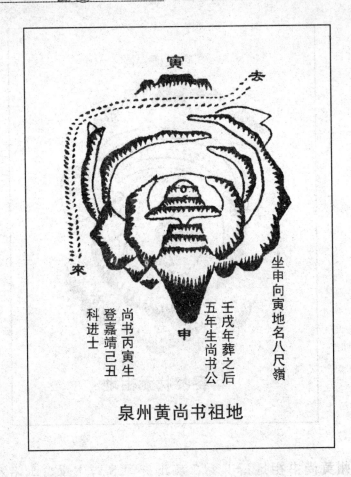

坐申向寅地名八尺嶺

壬戌年葬之后
五年生尚书公

尚书丙寅生
登嘉靖己丑
科进士

寅

去

來

申

泉州黄尚书祖地

　　泉州曾丞相祖地：下地在泉州府西北八十里。其龙发自安溪，迢迢奔行八十里，顿起极高大之山，盘旋数百里，结天巧之局。众山从拥，高起撑天大帐。帐中一脉，委蛇顿跌，生曜生官。两边帐角众山，一齐左回右抱。至入首，结仰天金水星。中生一窝，四围石骨，而左右远抱之山交互过前，成一字文星，以收尽内气。此外俯视下界，万山蠢蠢，穴中皆不见。但数十里外海水汪洋，远接天际，缥缈极目，取日出扶桑一点红，特奇之应，俗呼番天马蹄形，以穴状名也。出太保宣靖鲁国公亮、端明殿学士孝宽、户部尚书孝广，及状元从龙诸贵。

泉州曾丞相祖地

绩溪张氏：下地在绩溪县东十里桥。其龙来历甚远，不详述。将至作穴，起水星大帐。帐中落脉，顿起冲天木星数座，仍跌断过脉，逶迤精巧，连珠数节。复顿起天然木星，四面皆圆，而全身石骨。穴结山巅。其后大帐两角皆环抱过前，以为龙虎交结。而随身二水界送至穴前交合，泄下大溪，约高数丈。其大溪自右而来，横过于前。隔溪秀应重重，下手石桥锁断地户，形势精俊，风气藏聚。俗呼照天蜡烛形，光明穴。葬后未久，张氏之福祉方亨。

阴骘地

绩溪张氏

传说：张九朝奉一日往乡庄，至城外二里许，于路边登厕，见厕屋内青布包装束甚密，自度必商人遗物。开看，内有衣一件，簿一扇，银二十锭，又碎银一包。遂不往庄，候至日宴，毋有寻者。乃书字于厕曰：张九今日辰刻在此获青包。失主见此可往东庄来认。次日，其人寻至，见字，至庄所拜告，愿分一半。张实对，悉还之，分毫不取。其人拜天祝君长寿富贵。张旬日忽梦其祖与之曰："汝有阴功，天与吉地，可往十里桥边，必有所遇。"觉而天晓。即日至十里桥坐候。至日西，有二人押一人至，其人到桥边，抵死不去。指曰："此内我有山一片，愿典还谷债。"其二人不受山，定要谷。张即扣之曰："谷价几何？"曰："二十石。"张与银而受其山。归，语于妻曰："我夜梦获吉地，果应。"次日观山，全身皆石，毋下穴处。乃徧请明师点穴，十余年，经师百数，莫有能下穴者。又自讼曰："昔梦以为阴德之赐，今无穴可扦，是吾德薄。"仍舍棺木，修造桥路。又三年，其妻梦神人语曰："照天蜡烛穴居巅。"后句似言富贵，不能记。张喜曰："山顶必有土。"即往察之，果然。乃葬父于高顶。今五十余年，有三贡举，乡称阴德地也。

按：此龙穴，后必有显者。其穴居山巅，元辰泄下数丈，本不利初年。五十年尚未行至木星笋秀之处，盖发愈迟而福愈大，天理地理昭昭然，惟待其时耳。

上诸怪穴，乃怪之最怪者，皆古仙迹，明验足征，非诬也。但君子语常而不取怪。况此怪之最怪，何可为训？然此实乃天地藏机以福善人，非寻常之可测耳。矧穴怪而龙必不怪，造化既明泄于龙矣，岂复又示以穴乎？知者审龙自可得穴。但极大之地，其怪尤甚。谚有云："地有十分大，穴有万分怪。"是以古仙哲师点怪穴者，未尝不细用心机，参详思索。或一月而得之，或一年而得之，或数年而后明，或十年而后定，不敢轻易以为是，必深知其情性，洞究其玄微，划然神悟，透彻真机，果有定见，造化在乎手矣，岂不难哉！古语云："一年学得寻龙，十年学不得点穴。"又云："望势寻龙易，登山点穴难。若还差一指，如隔万重山。"大抵乘生气全在点穴，而点穴须在正心诚意，从容精详，反复玩索。此系险事，岂可同明显之穴而易视之？切不可妄逞聪明，鲁莽苟且。仙辈如廖公看大汾潭地沐国公祖地也，盘桓月余。赖公扦黄氏蛇形，三移其坟。董德彰扦倪御史祖地，三迁其穴。刘伯温点金华郑氏鞭山地，往来二十年始得其妙。因自叹曰："我爱鞭山二十年，鞭山对我默无言。今朝始悟鞭山趣，贵穴从来不易扦。"此见哲人慎重不苟如此。万不能自作聪明，应知之为知之，不知为不知，不自误或误人。安亲乃人子一生极重大事，断不能轻信庸人，以断法小术，妄书祸福。一或偶中，遂以为神，天亲之谓何？

中国传统术数总集 第一辑